CÓMO HACER PRENSA

Domine los secretos
para aparecer
en los medios

DANIEL COLOMBO

CÓMO
HACER PRENSA

Domine los secretos
para aparecer
en los medios

Editorial Autores de Argentina

Colombo, Daniel

Cómo hacer prensa / Daniel Colombo. - 1a ed. - Ciudad Autónoma
de Buenos Aires : Autores de Argentina, 2018.

148 p. ; 20 x 14 cm.

ISBN 978-987-761-481-7

1. Autoayuda. I. Título.
CDD 158.1

EDITORIAL AUTORES DE ARGENTINA
www.autoresdeargentina.com
Mail: info@autoresdeargentina.com

Diseño de portada: Justo Echeverría

Este libro se editó originalmente en 2012.
La presente es una versión en formato digital.

ÍNDICE

CÓMO HACER PRENSA

La relación con los medios de comunicación es uno de los aspectos neurálgicos en la construcción de la imagen pública para cualquier tipo de emprendimiento, y también para individuos que desarrollan actividades con potencial impacto masivo.

Por ello, diseñar, implementar y sostener en el tiempo una estrategia de prensa es hoy una herramienta ineludible. Mucha gente cree, con razón, que el agente de prensa es un intermediario entre el material a difundir y los medios. Sin embargo, ese rol es sólo una parte de su labor, ya que también implica transformarse en una usina de información de hechos específicos, generar la necesaria corriente de interés para que los medios den a conocer ese material y, además, darle a éste un estilo profesional. Para lograrlo, es necesario tener muy clara la política de comunicaciones públicas, el entrenamiento de los voceros -es decir, aquellos que van a representar a la firma ante los medios-, y un profundo conocimiento de dichos medios, con una clara idea de sus intereses y del público al que cada uno va dirigido.

Es muy frecuente que, desde el desconocimiento, muchos líderes empresariales piensen que los encargados de las relaciones con los medios tienen "poder" sobre los medios. Sin embargo, si bien hay complementariedad entre periodistas y agentes de prensa, es cada diario, revista o productor de radio y TV el que decide qué hacer respecto a las noticias que se promueven.

Otra creencia generalizada es que publicar una pauta publicitaria en un medio asegura que ciertos productos o servicios tendrán cobertura periodística. Si bien los medios son empresas periodísticas que viven en parte de la publicidad, eso no es necesariamente cierto, pues los responsables de la edición de contenidos periodísticos deciden, día a día, los temas que más se adecúan a los intereses de sus consumidores. Y una noticia que, para la empresa, es de gran importancia, puede no ser noticia para un medio. Porque los medios no consumen cualquier cosa. CÓMO HACER PRENSA revela el ABC de lo que hay que saber para convertirse en noticia y aparecer en los medios. Conocerá la dinámica de los medios, los distintos tipos de materiales a utilizar, las estrategias apropiadas para divulgar eficazmente sus mensajes, y las claves para sostener vínculos efectivos y duraderos. Porque, como sabemos, estamos en una época en que no alcanza con hacer buenas cosas: es necesario comunicarlas. ¡Adelante!

Daniel Colombo

Qué es
hacer prensa

Los medios están
abiertos a las novedades.
Pero no consumen
cualquier cosa.

A decir verdad, muy poca gente sabe exactamente qué es hacer prensa, por lo que vamos a empezar explicando de qué se trata este trabajo. Hacer prensa significa trazar una estrategia y una metodología para lograr que los medios de comunicación se interesen por determinados productos, temas o actividades.

Algunos de estos hechos, a los que de aquí en más denominaremos "producto" o "tema", pueden ser la difusión de un proyecto, un servicio innovador, un tópico en particular cuyas características lo convierten en algo de interés público, o la presentación, lanzamiento o posicionamiento de algo en especial. El objetivo es que los medios los reflejen a través de referencias directas o indirectas. Para lograrlo, el encargado de prensa necesita tener un profundo conocimiento de dichos medios, con una idea clara de sus intereses y del público al que cada uno va dirigido.

Ese conocimiento es esencial para el adecuado diseño de una campaña comunicacional, porque se trata ni más ni menos que de la herramienta que nos permitirá elegir correctamente los destinatarios del mensaje.

La multiplicidad de medios, el alcance global impulsado por las nuevas tecnologías y el impacto que produce cada mensaje en los diferentes públicos, implican un alto nivel de responsabilidad sobre lo que se dice, cómo se dice y cuándo se dice.

» TIPOS DE MEDIOS

Existen distintos tipos de medios de difusión que permiten comunicar, en forma masiva o restringida -como el caso de medios especializados en temáticas específicas- diversos temas.

A grandes rasgos, los medios se clasifican en:

1. MEDIOS GRÁFICOS. Diarios, revistas, periódicos, guías y boletines.

2. MEDIOS RADIALES. Programas que son emitidos a través de ondas en AM y FM, radios vía internet, radios vía celulares y nuevas tecnologías.

3. MEDIOS TELEVISIVOS. TV abierta (recibida sin costo por los televidentes), TV paga (que a su vez, se subdivide en TV por cable, TV satelital y otros sistemas que requieren el pago de un abono mensual para acceder al servicio), TV vía internet, TV en puntos de venta, lugares públicos (como subterráneos, buses, taxis, aeropuertos, etc.), V.O.D. (Video-On-Demand; video a la carta), P.P.V. (Pay-Per-View, pagar-para-ver), Streaming y otros formatos que van innovando permanentemente.

4. AGENCIAS DE NOTICIAS. Dedicadas a abastecer de información de distinta índole a los medios. Hay agencias locales, regionales, nacionales e internacionales; y, a la vez, agencias especializadas por temas.

5. INTERNET. Sitios y portales, además de newsletters que circulan por correo electrónico, entre muchos otros formatos.

6. MEDIOS P-2-P (PERSONA A PERSONA). Segmentados, que se distribuyen personalizadamente.

7. NUEVOS MEDIOS. Como redes sociales, foros, blogs, entre otras herramientas.

8. COMUNICACIÓN VÍA CELULARES y nuevas tecnologías, en permanente evolución.

9. MEDIOS DE NICHO. Por ejemplo los dedicados a un sector en particular; cámaras empresariales; sindicatos y organizaciones de todo tipo.

10. OTROS MEDIOS. Por ejemplo, los canales audiovisuales en aviones, los noticieros cinematográficos, etc.

> *Las empresas están tomando conciencia, de que la publicidad es fundamental; pero también de que no llega a cubrir todas las necesidades de comunicación. Y se están dando cuenta de que se enfrentan con otros problemas, como la prensa, la comunicación interna, la identidad corporativa y la cultura organizacional. '¡Hoy, todas confluyen!'*
>
> **Joan Costa**
> Especialista en comunicación institucional

» QUÉ REQUISITOS DEBE REUNIR EL ENCARGADO DE PRENSA

Al margen de este indispensable conocimiento de los medios, para que usted pueda desempeñarse eficazmente como encargado de prensa debe reunir los siguientes requisitos:

- Tener habilidades como Comunicador Profesional.
- Disponer de cualidades para las relaciones públicas.

- Contar con un buen nivel cultural y estar permanentemente informado.
- Ser creativo.
- Ser proactivo.

Una por una, estas cualidades pueden explicarse del siguiente modo:

Ser un hábil comunicador profesional implica saber generar contenidos periodísticos y poder transmitirlos de manera simple, evitando siempre los mensajes complejos.

Ser dúctil en las relaciones públicas facilita el establecimiento de redes interpersonales, es decir saber aprovechar todos los contactos que se presentan como así también organizarlos de forma tal que estén fácilmente disponibles para cuando los necesitemos.

Contar con un sólido background cultural es indispensable, porque este trabajo obliga a estar en permanente contacto con la prensa, ámbito donde se maneja un enorme caudal informativo. Esto no implica ser un erudito en todos los temas sino ser curioso, tener interés por acrecentar constantemente nuestro conocimiento y estar acostumbrado a consumir todo tipo de medios.

Ser creativo ayuda a transformar un hecho aparentemente simple en una noticia de potencial interés mediático.

Y ser proactivo permite estar permanentemente atento a las oportunidades de difusión que se presentan; a las inquietudes de los clientes y a las necesidades de los medios.

¡Tranquilícese! El hecho de que usted no concentre todos estos requisitos, no quiere decir que esté inhabilitado para desarrollar las tareas de jefe de prensa.

Hay quienes sólo tienen desarrolladas algunas de estas cualidades, pero son muy buenos profesionales porque a las restantes características las fueron ejercitando y aprendiendo con el paso del tiempo. Sin embargo, conviene aclarar que la mayoría de estas condiciones son innatas. Por ejemplo, una persona puede trabajar su temperamento y sus habilidades para relacionarse con la gente, pero la simpatía es, en esencia, un don natural. Otro tanto puede decirse de la creatividad. Aunque hay otros aspectos relacionados con esta profesión que se pueden adquirir, como el hábito de lectura, el poder de análisis y las técnicas relacionadas con la redacción periodística.

El trabajo del responsable de prensa no es algo que se pueda aprender en una escuela o universidad. Ser periodista, licenciado en comunicación, productor de radio o televisión, publicitario o relacionista público puede contribuir, pero no garantiza idoneidad.

Hay periodistas que son excelentes escribiendo, pero pueden fallar a la hora de establecer un vínculo con un medio. Hay productores que son muy buenos coordinando una agenda, pero se sienten limitados para preparar materiales de prensa con información para enviar a los medios. Hay publicitarios y especialistas en marketing que resultan excelentes creando frases y conceptos de impacto, aunque muy frecuentemente confunden los tipos de lenguajes. Y hay egresados de relaciones públicas que son brillantes en el trato, pero no tienen idea de cómo elaborar una estrategia de prensa.

En comunicación menos es más. La mejor manera de conquistar la mente del cliente o los posibles clientes es con un mensaje súper sencillo.
Hay que desechar las ambigüedades, simplificar el mensaje y luego simplificarlo aun mas si se desea causar una impresión duradera.

Al Ríes y Jack Trout
Especialistas en marketing y relaciones públicas

» EL MIX IDEAL

En general, los individuos que prosperan como responsables de las relaciones con la prensa son una suerte de mix entre:

El periodista que investiga, que entrevista, que sabe separar lo fundamental de lo anecdótico y que a la hora de transmitir un mensaje es capaz de jerarquizar correctamente la información y volcarlo en un papel con simpleza y claridad.

El productor televisivo o radial que es generador de noticias, que sabe encontrarle el costado periodístico hasta al tema aparentemente más insulso.

El publicitario y el especialista en marketing, que pueden captar sutilezas y necesidades del público y transformarlas, en forma creativa, en poderosos mensajes y acciones.

El relacionista público que es capaz de diseñar estrategias y mantener, vínculos interpersonales óptimos a largo plazo.

» ¿CUÁNDO ALGO ES "PRENSABLE"?

Llamamos "prensable" a todo contenido o información que potencialmente puede llamar la atención de la prensa y, por ende, ser tenido en cuenta para su difusión masiva.

Para asegurarse que un tema o producto sea "prensable", el responsable del área debe chequear que éste cuente con un diferencial importante, una cualidad distintiva que aporte algo nuevo o un beneficio concreto a un público masivo o a un sector específico.

De todas formas, no todo material que cuente con ese diferencial es factible de ser abordado mediante una campaña de prensa, ya que hay mensajes que conviene transmitir mediante otros tipos de comunicación.

» TIPOS DE COMUNICACIÓN MASIVA

A la hora de transmitir un mensaje hay que tener en cuenta que existen tres tipos distintos de comunicación; a grandes rasgos, y sin la pretensión de transformar este capítulo en un tratado teórico, para un entendimiento masivo podemos dividirla en:

- La comunicación publicitaria.
- La comunicación promocional.
- La comunicación periodística.

La comunicación publicitaria, que está a cargo de las agencias de publicidad, consiste en generar y difundir contenidos promocionales de servicios o productos dirigidos a un público masivo o selectivo. Usualmente, se trata de avisos publicitarios pagos en medios gráficos, radiales y televisivos, de una campaña de afiches en la vía pública, Internet, o aplicada a través de los medios con una determinada estrategia. Es decir por qué medio va a salir el mensaje, con qué frecuencia, en qué horarios y a qué público va a ir dirigido. Recuerde que los medios viven, fundamentalmente, de la publicidad.

La comunicación promocional está emparentada con la publicitaria, pero se diferencia de ésta porque apunta a una relación más directa con los potenciales consumidores, como puede ser una promoción callejera, marketing directo que recibe el potencial usuario en forma personalizada, o la distribución de folletos.

La comunicación periodística, por su parte, es la herramienta de la que se valen los encargados de prensa para llegar a los medios. Es una de las estrategias de las que se vale la disciplina profesional llamada 'Relaciones Públicas', que, a su vez, engloba una multiplicidad de aplicaciones con distintos fines. Es como una navaja suiza: tiene un recurso para cada necesidad.

Para dar a conocer su marca, producto o servicio:

a) Por lo general, lo ideal es un mix entre comunicación periodística, publicidad y marketing promocional.

b) Establezca objetivos y una estrategia.

c) Asigne los recursos apropiados.

d) Corrija el curso de la campaña.

e) Monitoree los resultados.

f) Detecte oportunidades permanentemente.

» CUÁNDO HACER PRENSA

Las relaciones con la prensa son altamente recomendadas en casos de dar a conocer noticias que puedan tener un impacto y un beneficio concreto, ya sea para un público masivo o específico; o una comunidad en particular. Cuando se presenten innovaciones que produzcan un antes y un después en ese segmento. Cuando se afronte una situación de crisis que requiera marcar una posición y, a la vez, llegar rápidamente a miles de personas. Cuando estamos frente a un acontecimiento de magnitud, por ejemplo, la inauguración de una planta fabril o el lanzamiento de una película.

Por ejemplo, si una empresa tiene que comunicar que está reclutando personal, eso difícilmente pueda ser canalizado en los medios sólo a través de la comunicación periodística excepto que contribuya al desarrollo de una comunidad entera, abra centenares de fuentes de trabajo y produzca un impacto tal que, en sí mismo, este hecho se transforma en noticia.

Si no es el caso -por ejemplo, cuando una compañía cambia sus números de teléfono-, convendrá recurrir a una agencia publicitaria para que genere un mensaje muy específico que luego habrá que difundir en los medios más afines a las características del servicio que brinda esa compañía, y a agencias especializadas en marketing promocional, para realizar acciones persona a persona.

Siguiendo con ese ejemplo, si lo que se quiere informar es el lanzamiento de un nuevo servicio al que la gente puede acceder telefónicamente, lo más atinado puede ser complementar una campaña publicitaria con otra de prensa.

» CÓMO CONVERTIR SU TEMA EN UNA NOTICIA

Diagnosticado ya que un caso es "prensable", el paso siguiente consiste en buscarle al tema o producto todos sus costados diferenciales en relación a su competencia directa o indirecta, es decir al mismo nicho o segmento. Esto no significa que el jefe de prensa debe inventar noticias.

La clave para encontrarle la vuelta a muchas cosas pasa generalmente por seguir un proceso muy similar al que aplican las agencias de publicidad, que es conocer profundamente el material con el que se está trabajando. Una herramienta útil para esa tarea es el 'brainstorming" (tormenta de ideas), que consiste en volcar en un borrador todo lo que se nos ocurra en relación al proyecto, para luego seleccionar lo que consideramos más apropiado.

» CÓMO APROVECHAR LAS OPORTUNIDADES

Salvo que trabaje con un tema de rigurosa actualidad, los resultados de una campaña no se manifiestan de inmediato. Por eso es importante que el agente de prensa tenga muy desarrollado el sentido de la oportunidad.

Una campaña relacionada con el pánico a volar, por ejemplo, no es algo por lo que los medios se desvivan, pero un hecho como el acontecido en los Estados Unidos el 11 de septiembre de 2001 es un detonante que contribuye a potenciar el interés y que hay que saber capitalizar.

» DERRIBANDO MITOS Y CREENCIAS

En general, los que toman la decisión de llevar adelante una campaña de prensa suelen tener objetivos muy desmedidos respecto de las posibilidades reales de inserción de su tema o producto. Esto es así porque le ponen tanta pasión y esfuerzo, que usualmente pierden dimensión de la ubicación de su proyecto en el contexto global del volumen de información que manejan los medios. Sugerencia: sea realista respecto a los resultados.

Además, mucha gente cree erróneamente que el agente de prensa tiene influencia sobre los periodistas para poder digitar los contenidos de una nota. Como generador de contenidos -es decir, en base al tratamiento que uno le da a los temas y a la forma en que los presenta-, el encargado de prensa a lo sumo puede convertirse en un orientador. Con el paso del tiempo y en base a una relación cimentada en la confianza, hay veces en que uno puede sugerirle al periodista que le haga una determinada pregunta al entrevistado porque piensa que puede ser de interés para su medio. En otras ocasiones, es directamente el periodista quien consulta si hay algo en particular que uno considera importante preguntarle al reporteado. Pero lo que el cliente debe tener en claro es que el tratamiento final del tema, el espacio que se le va a destinar y el momento en que se va a publicar es atribución exclusiva de cada medio. Sugerencia: respete las incumbencias de cada uno.

Otros directamente creen que sólo se consigue espacios en los medios a través de una retribución. Dentro de esta profesión, en efecto, hay quienes pagan para asegurarse determinadas coberturas, pero son sólo excepciones, y no es recomendable. También hay espacios tarifados en los medios en forma de anuncios patrocinados, espacios de publicidad preparados con contenido emparentado con el lenguaje periodístico, y PNT, publicidad no tradicional; forman parte de su estrategia comercial. Sin embargo, los responsables de prensa profesionales basan su trabajo en una relación de cooperación, complementariedad y mutuo apoyo con los medios, lo que se logra al convertirse en una fuente confiable de información. Sugerencia: no espere resultados inmediatos. Siembre relaciones a largo plazo.

» LOS BENEFICIOS DE UNA CAMPAÑA DE PRENSA

Una estrategia de prensa brinda la posibilidad de profundizar, ampliar conceptos y abordar aspectos medulares. Algo que difícilmente pueda conseguirse a través de una campaña publicitaria. Un aviso no es lo mismo que una nota, ya que está probado que si el contenido está volcado de manera periodística, el consumidor recibe el mensaje de otra manera.

La incorporación del área de relaciones con la prensa a una campaña global de comunicación tomó impulso en América Latina a comienzos de los años '80. Antes, la comunicación era básicamente publicitaria; y la relación con los medios estaba ligada, frecuentemente, a aspectos comerciales entre anunciantes y medios, y al "lobby" (también llamado gestión de intereses, o en algunos países, cabildeo) para instalar determinados temas en la opinión pública, o querer influenciar en los contenidos.

Por aquella época las mismas agencias de publicidad comenzaron a sugerir algunas acciones de relaciones públicas que por necesidades propias de las empresas terminaron convirtiéndose en acciones de prensa. Hoy, el lobby es considerado como gestión de intereses, que es, en su sentido puro y esencial, la forma de vincular a dos partes en función de un objetivo que podría ser de interés para ambos. Varios países, entre ellos la Argentina, está en proceso de buscar regulaciones a esta modalidad.

Definido qué es hacer prensa y las cualidades que debe reunir las personas que desean abocarse a esta tarea, el paso siguiente consiste en empezar a conocer cómo usted puede transformarse en su jefe de prensa. A esto nos dedicaremos en el capítulo siguiente.

EL CASO MICHAEL JACKSON

La muerte del cantante Michael Jackson (Gary, Indiana, 29/8/1958 - Los Ángeles, 25/6/2009), ofreció un panorama innovador sobre las nuevas formas que adquieren las coberturas informativas alrededor del mundo. Salvando las distancias, es un buen ejemplo de los caminos que recorre la información y los procesos de chequeo que esta requiere hasta dejar de ser considerada un rumor y convertirse en un hecho noticiable:

1. La novedad salió desde Internet mediante un breve mensaje en Twitter.

2. TMZ.com, el portal especializado en chismes de Hollywood, confirmó la muerte de Jackson.

3. Los medios tradicionales se mantenían cautos. Muchos señalaban a TMZ como el origen de la noticia; mientras que, por ejemplo, CNN -y de inmediato todas las cadenas alrededor del mundo- señalaban que la muerte del rey del pop "no puede ser confirmada".

4. Inmediatamente los usuarios de las redes sociales Facebook y Twitter difundieron la noticia entre sus millones de contactos, y desataron un debate sobre la veracidad del hecho.

5. Poco después dieron por cierto el fallecimiento la agencia Associated Press (AP) y el diario Los Angeles Times en su website. Recién allí el New York Times publica en su site que Jackson había fallecido, citando a AP para deslindar responsabilidades. Comienza la divulgación en emisoras de radio, incluyendo tributos con su música.

6. CNN con sus periodistas definió ante millones de espectadores cuáles medios eran para fiar: "medios importantes como AP y Los Ángeles Times han confirmado la muerte de Michael Jackson" dejando en evidencia que no creían lo que decían las redes sociales y una página web de chimentos., TMZ.com.

7. La cadena CNN confirmó la muerte, con sus fuentes informativas, dos horas después de que la noticia estalló en las redes sociales. Todas las cadenas del mundo tomaron esta noticia, e incluso retransmitieron la señal completa.

SÍNTESIS DE LA SECUENCIA
DE DIVULGACIÓN DEL CASO

- Alerta informativa: Redes sociales
- Primera ampliación: paginas webs
- Confirmación de noticia: diario impreso vía web
- Desarrollo informativo: Televisión por cable y radios.
- Televisión abierta interrumpe sus emisiones con la noticia.

Cómo hacer prensa

Descubra las diferencias, pues no todas las noticias son para todos los medios. Segmentar es la consigna

Para diseñar una campaña de prensa, lo primero que hay que hacer es diagnosticar las posibilidades periodísticas del producto sobre el que vamos a trabajar. Este diagnóstico se traza relevando la mayor cantidad de información posible acerca de ese producto, lo que se obtiene por distintas vías: conversando con el cliente, a través de folletos, Internet, recortes de prensa anteriores, y analizando su competencia directa e indirecta.

En este proceso, además, hay que interiorizarse sobre los objetivos que perseguimos, no sólo en términos comerciales sino también sobre qué significa el éxito para el cliente en término de logros personales, que puede ir por ejemplo desde añadir un nuevo eslabón a su carrera profesional, o la satisfacción por lanzar y desarrollar algo novedoso o inédito en el mercado. A la vez, habrá que determinar con el cliente cuál será el impacto para la organización que está emitiendo los mensajes.

Sin embargo, muchas empresas son reticentes a suministrar información referida a aspectos económicos del proyecto a comunicar. Considere esto: si, por ejemplo, la acción de prensa se basa en el lanzamiento de un nuevo producto ,o servicio, el cliente necesita entender que los números referidos a la nueva inversión, la facturación estimada y la participación del mercado prevista, serán datos vitales si se busca aparecer en medios y secciones relacionadas con Economía y Negocios.

» TRES ELEMENTOS DE ANÁLISIS

Un diagnóstico de caso debe realizarse a partir de tres elementos:

- Viabilidad.
- Oportunidad.
- Objetividad.

De viabilidad, porque a través de nuestro conocimiento y experiencia, vamos a poder evaluar si el producto es o no "prensable" como ya fue analizado en el capítulo anterior.

De oportunidad, porque hay que evaluar en qué momento es más factible que los medios se interesen en el producto. Aquí se trata de aplicar el sentido común, ya que, por ejemplo, la efectividad de una campaña sobre una nueva línea de chocolates va a variar según se la lance en verano, otoño o invierno.

De objetividad, porque nos va permitir "bajar" las expectativas a la realidad de los medios y redefinir los objetivos, acercando la brecha entre lo deseable y lo posible. Una de sus expectativas puede ser, por ejemplo, que se hable de su producto en el programa radial de mayor rating de la mañana, pero a no ser que se trate de algo de estricto interés público y que posea un claro diferencial en términos de audiencia, uno deberá explicarle que eso puede resultar muy difícil de lograr, cuando no imposible.

Luego, el responsable de prensa necesita trazar un plan de trabajo muy similar al que se aplica en marketing, pero adaptado a una campaña de prensa. Este proceso contempla:

- Establecimiento de objetivos.
- El diseño de una estrategia.
- Su modo de implementación.
- Un plan de medios.

» CÓMO ESTABLECER OBJETIVOS. ESTRATEGIA E IMPLEMENTACIÓN

Al preparar un plan de prensa, es sumamente importante resumir en cuatro o cinco puntos los objetivos que se persiguen para cada caso. Asimismo, definir una estrategia implica recomendar los pasos a seguir para llegar a los objetivos que hemos acordado.

Primero, hay que evaluar si nuestro material de trabajo requiere de una campaña a corto, mediano o largo plazo.

» DURACIÓN DE UNA CAMPAÑA

Corto Plazo 1 a 6 Meses
Mediano Plazo 6 Meses a 1 Año
Largo Plazo Mas de 1 Año

Una campaña a corto plazo es aquella que permita visualizar resultados tangibles entre uno y seis meses. En general, se pueden lograr estos resultados al trabajar con temas de impacto masivo e interés comunitario, que los medios puedan traducirlos en noticias rápidamente. También se considera de corto plazo un hecho puntual que, por su impacto, permite un desenvolvimiento rápido; por ejemplo, en una semana o un mes corrido. Es el caso de una visita de un personaje de renombre; o de una innovación tecnológica que rompe con todo lo conocido y abre un nuevo capítulo en su temática.

Hablar de mediano plazo, implica obtener resultados en aproximadamente seis meses a un año, por ejemplo cuando abordamos temáticas que requieren un desarrollo escalonado para lograr efectividad en su conjunto; o cuando necesitamos encarar un trabajo en fases complementarias entre sí.

Una campaña a largo plazo es aquella que se implementa con una duración mínima de un año, con continuidad. Los resultados son progresivos, y se ven y dimensionan en el tiempo. Es el caso de emprendimientos que requieren un proceso de construcción de imagen pública, a desarrollar y sostener en el tiempo; y también cuando se generan novedades con asiduidad, lo que implica un trabajo por continuidad.

» CÓMO DISEÑAR UNA ESTRATEGIA DE PRENSA

En los libros 1 y 2 de esta colección sobre "Comunicación & Ventas", usted puede encontrar 1001 ideas de comunicación, enfocadas en decenas de rubros, a través de casos concretos y reales.

Por ejemplo, si nos dedicamos a productos y servicios relacionados con el ámbito de la salud, podemos sintetizar la preparación de una estrategia de prensa de la siguiente manera:

1. Realizar un trabajo con periodistas vinculados con ese nicho específico.

2. Implementar una acción de relaciones públicas combinada con distribución de información para medios relacionados con ese sector.

3. Organizar una presentación para la prensa especializada.

A esto le sigue la implementacion, que consiste en describir brevemente y en forma progresiva cómo vamos a hacer cada cosa. Por ejemplo:

1. Redacción de una gacetilla o comunicado de prensa. Hablaremos sobre materiales de prensa en el capítulo 3 de este libro.

2. Elaboración de gráficos u otro tipo de material ilustrativo a modo de complemento.

3. Búsqueda de un espacio idóneo para organizar la presentación.

4. Convocatoria a la prensa.

5. Elaboración de ideas a modo de sumario con distintos enfoques sobre un mismo producto que facilite la tarea de los periodistas interesados en la temática.

6. Designación y entrenamiento de un vocero calificado ante los medios de prensa.

» CÓMO ARMAR EL PLAN DE MEDIOS

Después de explicar la estrategia sugerida y el modo en que vamos a implementar la campaña, hay que exponer un plan, detallando los tipos de medios donde uno estima que puede tener cabida el producto, pero sin necesidad de dar nombres.

Suele haber mucha ansiedad por parte de los que toman la decisión de implementar una campaña de prensa, por saber en qué medios, qué día y qué espacio se le dedicará a su noticia. Es importante recordar que podemos saber o intuir los medios que se pueden mostrar más interesados, aunque en forma alguna esto representa una garantía. Es así. Porque, como ya he explicado, son los propios medios quienes seleccionan qué contenidos les interesan y cómo van a reflejarlos.

Una vez que ha elaborado su plan de medios, es importante detallar los materiales necesarios para llevar a cabo una campaña, por ejemplo, fotos y videos. En este caso, conviene ser muy específico en cuanto a cantidades y calidades. No hacerlo implica dejarlo librado a la interpretación del encargado de proveer dicho material, quien, por simple desconocimiento, puede creer que media docena de fotos sacadas en forma casera son material suficiente y apropiado para enviar a los medios.

Recuerde: es fundamental utilizar sólo materiales profesionales, como fotos y videos de excelente calidad. Esto le permitirá llegar más rápidamente a los medios, y ganarse su lugar por destacarse en el manejo de sus campañas.

» CÓMO CONSTRUIR UNA BASE DE DATOS DE MEDIOS Y PERIODISTAS

A la hora de emprender una campaña, es indispensable contar con una buena base de datos, que es la esencia de la organización operativa de todo responsable de prensa.

No compre bases de datos: no sabrá quién es quién, y ni siquiera si esos contactos efectivamente existen. Tampoco podrá personalizar relaciones.

Para empezar a armarla, se puede consultar Internet y la guía telefónica, donde encontraremos la información más básica, como direcciones o teléfonos de canales, radios, diarios y editoras de revistas.

Continúe con un relevamiento de las firmas (así se llama al nombre de los periodistas autores de las notas) que aparecen en diarios y revistas, y de los nombres de conductores, columnistas y periodistas que integran el staff de los programas de radio y televisión. Sin olvidar tomar nota de las direcciones postales, los códigos postales, teléfonos y direcciones de correo electrónico (e-mail) de esas publicaciones o ciclos.

En esta tarea, algunos medios gráficos suelen presentar alguna dificultad, ya que no todos los que trabajan en las redacciones suelen firmar notas y tampoco todos los que firman trabajan en ellas a tiempo completo. Los primeros, en general, son periodistas que cumplen la función de editores, que están a cargo de una determinada sección y capitanean un equipo de trabajo. Los segundos conforman la amplia gama de colaboradores free-lance -los hay calificados y comunes-, que sólo van a las redacciones en forma ocasional o directamente envían sus notas por e-mail.

SÍ	NO
...a las fotos profesionales con buena resolución, contraste, color, con y sin presencia del logo del proyecto.	... a las fotos caseras, con flash rebotado, o demasiado oscuras.
... a entregar materiales en un DVD, Pen-drive u otro soporte digital fácil de usar.	... al envío de fotos pesadas por e-mail.
... a contratar reporteros gráficos y camarógrafos profesionales.	... a los improvisados que atentarán contra su imagen.
... a temas atractivos, de impacto y novedad, y con gancho periodístico.	... a noticias reiteradas, a mentiras ('pescado podrido' en el lenguaje periodístico) y temas sin valor.
... a ofrecer información de contexto sobre su tema y experiencia, como material ilustrativo hacia los medios.	... a hablar exclusivamente en lenguaje publicitario; a utilizar excesivos adjetivos calificativos, y a enojarse cuando los medios no reflejan lo que usted pretende.
... a ser objetivo; profundo, y, a la vez, utilizar el lenguaje apropiado a cada medio y su público.	... a creer que los medios consumen cualquier cosa.

Consumiendo medios es posible no sólo deducir el rol jerárquico de cada periodista, productores, conductores, columnistas y colaboradores, sino también las temáticas a las que están abocados habitualmente.

También rastree en su propia agenda, y aproveche todas las oportunidades de vincularse con la prensa: es una poderosa herramienta de relacionamiento en el momento en que necesite activar dichos contactos para comunicar sus noticias.

» EL VALOR DE UNA BUENA AGENDA

Construir una buena base de datos de medios y periodistas es un trabajo de todos los días, durante años. Se enriquece con el paso del tiempo y en la medida en que el responsable de prensa va ampliando sus áreas temáticas. Se trata de un trabajo de hormiga, que requiere de una gran conducta a fin de mantenerla permanentemente actualizada.

Al igual que la base de datos, la red de contactos no es algo que un agente de prensa puede generar de la noche a la mañana y, por ende, constituye uno de sus bienes más preciados.

Comenzar a tender una red de contactos implica básicamente empezar a hacer uso de nuestra base de datos. Eso, sin embargo, no excluye que también podamos nutrir nuestra agenda de manera indirecta, por ejemplo a través de reuniones sociales o vinculándonos con otras personas o colegas que pueden llegar a facilitarnos algún contacto específico.

También puede utilizar el recurso de llamar a los propios medios, y averiguar "ese" contacto específico con el que necesita dar. Las redes sociales permiten explorar, asimismo, muchos contactos estratégicos, y enviar un mensaje privado presentándose breve y claramente, y solicitando información sobre la mejor forma de contactarse con el periodista.

Los contactos deben organizarse en un soporte electrónico apropiado, como bases de datos con todos los campos de información posibles (nombre, apellido, medio, sección, dirección del medio con su código postal, ciudad y provincia; teléfonos, celulares, e-mail, website, dirección particular, fecha de cumpleaños), y hasta preferencias de equipos deportivos, intereses por fuera de lo periodístico y cualquier otro dato que pueda recabar.

Segmentar los contactos es clave: no todos los periodistas desean recibir información de cualquier tema. Para eso, aplique el sentido común, y organice los datos de forma orgánica, sistemática y fácil de identificar en su tarea diaria con la segmentación correspondiente, en el próximo capítulo aprenderá a preparar los materiales para la prensa.

Ahora que ya ha establecido los lineamientos de objetivos, estrategia e implementación de su campaña de divulgación periodística; que ha diseñado el "mapa de medios" y que tiene lista su base de datos

La comunicación debe ocupar un rol destacado en el desarrollo de los proyectos. Es la herramienta mediante la cual la empresa expresa su personalidad, su estilo, y todo aquello que la hace diferente.

Decálogo del odio y amor de los periodistas	
Los periodistas odian	**Los periodistas aman**
1. que usted no personalice sus relaciones.	1. que los tenga en cuenta.
2. que no conozca su nombre y apellido.	2. que conozca los temas en los que se desempeñan.
3. que haga Spam y les envíe correos abusivos con contenido irrelevante.	3. que se contacte con cierta frecuencia con algo interesante, y no sólo esperando una nota.
4. que mande e-mails con todas las direcciones a la vista.	4. que no invada su espacio, que respete su libertad y profesionalismo, y que no les pida leer sus artículos antes de que éstos se publiquen.
5. que les mande cadenas de mensajes.	
6. que insista con volver a enviar sus e-mails: si no rebotó, quiere decir que llegó.	5. que le acerque materiales bien redactados, claros, concisos y lo más neutrales y objetivos posibles.
7. que los contacte justo en horas pico de su trabajo.	6. que le envíe archivos adjuntos livianos (fotos, textos, gráficos) claramente titulados.
8. que no le ofrezca nada interesante.	7. que esté a disposición.
9. que los aburra por teléfono; o les responda cualquier cosa menos lo que le preguntaron.	8. que tenga velocidad de respuesta.
10. que no responda a sus llamados; que filtre el acceso a la información; y que diga "no comments" ("no hago comentarios sobre eso").	9. que respete su palabra y compromisos -por ejemplo, si les da una exclusiva-
	10. que sea sintético y no se vaya por las ramas.

Los materiales para una campaña de prensa

Sea breve,
dé datos reales.
Titule bien y ordene bien
la información,
y no olvide
mencionar su marca

En este capítulo describiremos algunos de los principales materiales que necesita desarrollar para una campaña de prensa. Aprenderá a escribir con estilo periodístico institucional; descubrirá lo que tiene "valor noticia" y comprenderá las claves para tener más éxito en sus vínculos con los medios.

Como vimos en los capítulos anteriores, y también en los volúmenes 1 y 2 de esta colección, recuerde que, como dice John Powell, "La comunicación funciona para aquellos que trabajan en ella". Esto significa que el rol de responsable o jefe de prensa es de 24 horas los 365 días del año; y no es sólo una tarea a ser encarada aisladamente, sin visión estratégica y sin preparación. En muchos casos, estos errores se pagan caro: ni más ni menos que con el fracaso de sus campañas, y el impacto negativo hacia su emprendimiento o su marca.

Aquí aparece la pregunta del millón: ¿cuándo una noticia es noticia?

» CUÁNDO UN HECHO ES NOTICIA

Aquellos que se acercan a esta profesión sin haber tenido contacto alguno con el periodismo deben saber que, para que un hecho adquiera categoría de noticia, tiene que reunir las siguientes condiciones.

Debe ser:

- Actual.
- Interesante.
- Inédito.
- Verdadero.

Un hecho es **actual** cuando la mayoría de la gente no lo conoce, pues de lo contrario no sería noticia.

Es **interesante** cuando despierta el interés de una determinada cantidad de personas. No necesariamente la de la gran mayoría, sino la de todos aquellos que tienen alguna afinidad con la temática.

Es **inédito** cuando los medios aún no lo difundieron.

Es **verdadero** cuando se trata de algo que realmente existe u ocurrió.

» CÓMO ESCRIBIR UNA GACETILLA DE PRENSA DE IMPACTO

Acaso uno de los materiales más conocidos para gestionar vínculos con los medios, la gacetilla de prensa forma parte del kit de materiales para dar a conocer un determinado tema o producto. Sin embargo, es recomendable denominarla "Información de prensa". Aquí hablaremos de "gacetilla" debido a lo extendida que está la acepción de este término entre el público en general, estudiantes y algunos profesionales.

El contenido de una gacetilla de prensa se basa en la información que fuimos recabando acerca del proyecto a divulgar y, al igual que otras piezas de comunicación periodística, sirve para dar a conocer lo que nos gustaría que los medios reflejen sobre ese hecho. Eso, sin embargo, no significa que podamos decir cualquier cosa y de cualquier modo. Realizar una gacetilla, antes que nada, implica darle a ese hecho categoría de noticia y saber transmitir esa noticia con un lenguaje periodístico.

» CÓMO TRANSMITIR UNA NOTICIA

Si el hecho sobre el que estamos trabajando reúne estos requisitos, podemos afirmar que estamos más cerca de lo que técnicamente se llama "valor noticia", es decir, algo que tiene potencial de divulgación a través de los medios de prensa.

En esos casos, se aconseja empezar por el centro del tema, apresurándonos a responder los siguientes interrogantes en las primeras líneas o cabeza informativa:

- **Qué** pasó o va a pasar.
- **Quién** participó o participará
- **Cómo** fue o será
- **Cuándo** pasó o pasará.
- **Dónde** pasó o va a pasar.

Según el caso, el ordenamiento de estas respuestas puede variar, aunque lo que nunca puede ocurrir es que estos datos no figuren al inicio del texto.

En los párrafos siguientes, si corresponde, hay que establecer:

- **Por qué** pasó o pasará.
- **Para qué** pasó o va pasar.

La respuesta a estos interrogantes y su correcta organización son la base para redactar cualquier noticia, sin caer en rodeos ni larguezas.

» CÓMO TITULAR UNA GACETILLA

En periodismo existen distintos modos de titular, aunque para un texto informativo -como lo es la gacetilla- lo más habitual y atinado es que el título refleje directamente la noticia, lo que se consigue dando respuesta al "qué pasó o pasará".

El título es algo así como el cartel de venta que se coloca sobre un texto, por lo que a nivel informativo debe ser claro y atractivo. Para su redacción, hay que usar un cuerpo de letra mayor al del resto de la gacetilla, por lo que no es necesario escribirlo en mayúscula.

Un **título** puede llevar como complemento una volanta y una bajada o copete, sin ser redundante.

La **volanta** va por encima del título y sufunción es aportar algún dato importante que se desprenda de lo dicho en el título.

Va con un tipo de letra más pequeño que el del título y, por lo general, en mayúscula.

La **bajada** o **copete** se ubica por debajo del título y, sin reiterar los datos ya informados en título y volanta, termina de resumir el contenido de la gacetilla. Se puede escribir con un cuerpo de letra similar al de la volanta, aunque en minúscula.

Luego, comenzará el desarrollo de la información. Puede encabezarlo con la ubicación geográfica de dónde se origina la información (por ejemplo, la ciudad y provincia de la planta industrial del auto), la fecha actual (de divulgación de la información), y textos que condensen en el primer párrafo lo esencial de lo que desea comunicar.

Luego, podrá desarrollar otros párrafos con información en una secuencia descriptiva que amplíe conceptos; y también, quizás quiera incluir un textual "entrecomillado" del vocero de la compañía.

La extensión más frecuente es entre una y dos carillas como máximo. O, para expresarlo de modo que no dependa del tamaño de letra ni de la tipografía, debe tener una longitud de entre aproximadamente 2500 y 4000 caracteres incluyendo espacios ("incluyendo espacios" es el modo que se mide el largo de un escrito en cualquier procesador de textos, una vez marcado el texto a medir).

Como vemos, para lograr la atención de la prensa, no sólo es necesario que una gacetilla esté bien escrita. También requiere de una estructura gráfica clara y sobria. De ahí que no sea conveniente usar distintas tipografías, tamaños de letras ni colores.

Ejemplo de una gacetilla de prensa
VOLANTA: POR PRIMERA VEZ EN EL PAÍS Y EN LATINOAMÉRICA **TITULO:** **Lanzamiento del auto eléctrico nacional "Power-Car"** **BAJADA:** La automotriz TecnoSpeed Car presentará su modelo V2, que reemplaza el combustible por energía eléctrica. Alcanza una velocidad de 120 kilómetros por hora.

Para diseñar una gacetilla, tal vez convenga trazar un paralelismo con el patrón editorial de un diario o una revista, que para formar su identidad respetan a rajatabla una serie de reglas relacionadas con lo visual.

Con el tiempo, y más allá de este tema puntual que divulgará, la intención es que usted se transforme en un referente; en una fuente o, como suele llamarse, en una usina de información hacia los medios.

Por eso es indispensable incluir al final de la gacetilla nuestro nombre y apellido, teléfono, correo electrónico y página web a fin de que, llegado el caso, los medios nos contacten fácilmente.

No es conveniente poner un número telefónico donde sólo puedan ubicarnos en determinados días u horarios. Quien se vuelca a esta tarea en la empresa y asume la responsabilidad como jefe de prensa de una organización, debe tomar conciencia de que está brindando un servicio y, por ende, tiene que estar siempre disponible. Por eso, además de un teléfono de línea, incluya su celular. Y no olvide que cuando no esté disponible, hay que dejar activado el contestador automático. Las 24 horas. Los 365 días del año. Sin excepción. ¡Hace una gran diferencia!

» EL COMUNICADO DE PRENSA

La gacetilla no es el único instrumento del que dispone el responsable de prensa para contactarse con los medios. También está el comunicado, que se diferencia de la anterior por su impronta imperativa, por la necesidad de que su contenido sea publicado con urgencia

Las 15 claves para redactar una información de prensa	
1.	Escriba en forma clara y concisa, en tipografías de fácil lectura (como Arial, Time New Román, Verdana o Tahoma) y con cuerpo 12, que resulta legible y no excesivamente grande.
2.	Titule atractivamente, aunque no en lenguaje publicitario. Vaya al punto.
3.	Incluya una volanta y bajada de apoyo, sin ser reiterativo.
4.	Inserte al menos dos veces su marca o producto en el desarrollo de la información de prensa, incluyendo el primer párrafo.
5.	Sea breve: menos es más.
6.	Brinde información sustanciosa.
7.	Cuente historias. Los medios quieren noticias atractivas, que digan cosas importantes.
8.	Ordene bien la información. Destaque pocas cosas en "bold" (negritas) e Itálica.
9.	Cuide la pulcritud del diseño.
10.	Muestre sus valores, misión, visión y filosofía empresarial.
11.	No le haga prensa a su competencia: hable de usted.
12.	Dígale "no" a las faltas de ortografía y los errores gramaticales.

13.	Numere las páginas.
14.	Escriba un breve párrafo institucional a colocar debajo de la noticia. Técnicamente conocido como "boiler plate", es un pequeño texto de referencia que define qué es y a qué se dedica su empresa, y la página de Internet como vía de contacto masiva.
15.	Incluya siempre sus datos de contacto, como responsable de prensa.

» LA EXTENSIÓN USUAL ES DE UNA CARILLA

¿En qué casos conviene recurrir al comunicado? Para actualizar una información cada determinado tiempo; para informar el cierre de una empresa; ante una situación de crisis; para difundir un parte médico o para una aclaración o toma de posición sobre un hecho puntual, por ejemplo una desmentida o desacuerdo con algo que se dijo o que salió publicado.

En la mayoría de los casos, lo que se informa en un comunicado también se puede difundir a través de una solicitada de prensa, pieza en la que el jefe de prensa suele no tener gran ingerencia, ya que suele involucrar a otras áreas de una empresa como la jurídica y la comercial. Sin embargo, la recomendación es que sí se debe intervenir también en las solicitadas, como especialistas en comunicación.

"Diferenciación es la palabra clave, y la que define la vida o la muerte de una marca, es decir las empresas tienen que ofrecer, a través de la comunicación eficaz, razones por las cuales la gente debe comprar determinado producto."

Jack Trout y Steven Rivkin
Especialistas en marketing

Por supuesto que la parte jurídica interviene para estar a resguardo de posibles demandas, y la comercial también lo hace porque -al igual que los avisos publicitarios- se trata de un espacio pago, con la particularidad de que requiere de la firma y la presentación del documento del responsable de su contenido, entre otros requisitos formales que solicitan los medios.

» EL DOSSIER DE PRENSA

Llamamos "dossier de prensa" a una pieza de comunicación periodística de mayor extensión que una gacetilla y que un comunicado de prensa.

Por ejemplo, aplicaremos un dossier en casos donde se requiera profundizar en el tema; incluir datos, estadísticas, información de contexto, investigaciones de mercado, pruebas de laboratorio, datos pormenorizados del desarrollo del producto.

Es recomendable realizar un dossier de prensa para entregar en encuentros 1-to-1 (uno-a-uno) con los periodistas, y en conferencias y encuentros de prensa donde se ofrecerá mucha información.

La extensión es variable, desde tres o cuatro hasta una docena de carillas.

Algunos casos donde se recomienda preparar un dossier de prensa: una feria y exposición con muchas temáticas diferentes integradas; un avance científico medicinal donde necesitan mostrarse resultados de pruebas de laboratorio, y "disclaimers" (eximir de responsabilidades) por efectos secundarios; un lanzamiento tecnológico que ofrece una gran variedad de innovaciones y prestaciones a los usuarios; un caso que merece ser contado desde distintas perspectivas, con múltiples opiniones, voceros y encuadres informativos.

También, cuando sea pertinente, es recomendable incluir los currículums y antecedentes de determinadas personalidades y profesionales intervinientes en el caso. Los currículums deben ser redactados en forma periodística, como un texto con continuidad, y no el simple punteo de experiencias que se suele volcar en el formato tradicional.

Restrinja la información de los antecedentes curriculares a la imprescindible en relación con la noticia, y excluya todo lo demás. Por ejemplo, si el dossier se refiere a un estreno de cine, podrá desarrollar los perfiles del director, actores y otros roles destacados indicando los trabajos en cine, televisión, literatura y premios. Si menciona a un médico, incluya exclusivamente avales honoríficos relevantes, publicaciones científicas, y cargos verdaderamente importantes en su trayectoria. En el caso de citar el curriculum de un presidente de empresa, puede mencionar su trayectoria, cargos ocupados en cámaras empresarias, y sólo aquellos aspectos que sumen valor en el proceso de construcción de la noticia que se divulga.

¿Qué cosas también pueden formar parte del material adicional? Entre las más comunes están:

- Los currículums, si aportan datos relevantes para el tema.
- Fotos relacionadas (de personas, empresas, productos)
- Cifras y datos estadísticos.
- Las infografías y demás gráficos de apoyo a la comprensión de la noticia.
- Ilustraciones complementarias
- Información internacional sobre el tema en cuestión.

» LA SEGMENTACIÓN

En términos generales, cuando se distribuye información a los medios, se comienza trabajando con un mismo material. Luego, es muy frecuente el envío de datos adicionales. El material de base tiene que contener lo elemental, el "abc" del tema sobre el que estamos trabajando. La información complementaria, en cambio, hay que elaborarla según las características y necesidades de cada destinatario. Esta tarea guarda una relación directa con la segmentación de medios que el agente debe realizar antes de emprender una campaña.

Segmentar significa dividir el mercado en porciones menores de acuerdo con una determinada característica que le sea de utilidad al agente de prensa para cumplir con sus planes. La segmentación del mercado permite optimizar los esfuerzos en el segmento elegido y facilita su conocimiento.

En este proceso no sólo es importante saber a qué medios hay que contactar sino a qué secciones dentro de cada medio y dentro de cada sección a qué periodistas. Es que por tratarse de algo específico, el mensaje a comunicar, lógicamente, no va a ser del interés de todos los medios y periodistas, sino de algunos.

» CÓMO SEGMENTAR LA DIFUSIÓN

Para graficar el concepto de segmentación, y la necesidad de elaborar tantos tipos de materiales como medios y secciones diferentes se deseen abarcar en una campaña de prensa, aquí van algunos ejemplos:

Campaña sobre una nueva empresa dedicada al blindaje de autos: Nuestra llegada a la secciones Información General e Industria Automotriz va a pasar fundamentalmente por las particularidades del servicio para prevenir la creciente inseguridad en la calles y sus costos. Eso, sin embargo, no va a ser suficiente para acceder a la sección Economía y Negocios, donde los números son mucho más importantes. Por lo que, además, deberemos adjuntarle datos acerca de la inversión de la compañía y su crecimiento desde su instalación a la fecha. Y también podrían interesarse los cronistas de policiales, si se han producido hechos que podrían haberse evitado con un auto blindado.

Campaña sobre el comienzo de exportaciones de mermelada: En un primer nivel informativo, se puede divulgar en medios locales y regionales, tomando en cuenta dónde se producen los dulces. Luego, escalarlo a nivel provincial, y a nivel nacional en secciones de economía y negocios, aportando datos concretos, certeros, confiables y demostrables de cifras, cantidad de producto a exportar, detalles del nuevo mercado al que se ha vendido la producción y disponibilidad de un vocero comercial para ampliar conceptos. La segmentación podría extenderse a los medios específicos de retail y consumo; branding, marketing y publicidad -hablando del desarrollo de la identidad gráfica de la marca y el packaging-; secciones de gastronomía, refiriéndonos a las cualidades de la mermelada, y sus posibles maridajes con otros alimentos, por ejemplo vinos y hasta para cocinar; y medios extranjeros del país destinatario de la exportación, a los que puede contactar vía internet o de los corresponsales que trabajan en nuestro país cubriendo acontecimientos importantes.

Campaña sobre un centro de estética y belleza: Por un lado, puede encontrar eco de sus noticias en secciones dedicadas a la mujer y la belleza en general. Aunque no olvide que cada vez más los hombres consumen este tipo de servicios y productos, por lo cual ya estará ampliando su segmentación.

"Puedes tener ideas brillantes. Pero si no sabes comunicarlas, no llegaran a ninguna parte"

Lee Lacocca
Empresario automotriz

Ejercicio: Preparando los materiales para prensa

Siéntese en un espacio tranquilo, con su cuaderno de notas o en su computadora, y responda honestamente todas estas preguntas. Si no encuentra respuesta a alguna de ellas, todavía hay tareas de investigación y profundización para hacer, antes de salir a comunicar públicamente.

Primera Parte:

Al disponerse a escribir, coloqúese en actitud de pregunta, y responda desde su estrategia y sus materiales de prensa:

- ¿Qué es lo que queremos transmitir?
- ¿A quiénes?
- ¿Porqué?
- ¿Cuál es el objetivo?
- ¿En qué lenguaje?
- ¿Cómo ser lo más neutral posible al transmitir nuestro mensaje, sin perder atractivo y efectividad?
- ¿Qué imagen gráfica ilustrará este contenido?
- ¿Qué videos quisiera que acompañen la noticia en TV, internet, cines, etc.?
- ¿Cómo me gustaría que los productores, conductores y columnistas de radios hablasen de este tema?
- ¿Cuáles son los datos curiosos y de color que puedo incluir?
- ¿Cómo puedo apoyar la noticia con cifras del sector?
- ¿Quién será el vocero?
- ¿Cuáles son los tres mensajes claves que queremos transmitir y que la gente recuerde por siempre?

Segunda parte:

Cambie de rol: ahora es el consumidor o el público al que dirige su mensaje. Pregúntese y responda:

- ¿Me atrae esta noticia?
- ¿Qué es lo que quiero saber?
- ¿Qué más quisiera conocer sobre esta marca, producto o servicio?
- ¿En qué se diferencia de la competencia?
- ¿Qué hay de nuevo para mí?
- ¿Cuánto cuesta?
- ¿Dónde se consigue?
- ¿Cómo puedo obtener más Información?
- ¿Qué garantías me dan de que esto funciona?
- ¿Quién es quién en esta empresa-marca-producto?
- ¿Qué antecedentes tienen?
- ¿Ya he escuchado sobre ellos?
- Si rastreo en Internet, ¿qué informaciones adicionales encontraré sobre el tema y éste emprendimiento?
- ¿Dónde hay testimonios de gente que avale o evalúe?

Dependiendo de los tratamientos y las novedades que éstos ofrezcan, puede seguir expandiendo su diferenciación con contenidos desarrollados especialmente para tecnología, consumo, interés general, sociedad. Si consigue relaciones con algunas figuras del mundo del espectáculo, quizás encuentre lugar con algunos testimonios o fotos en secciones afines de distinto tipo de medios. Para el día del periodista, podrá enviar algunos obsequios a un mailing con los que tenga contactos, y en muchos casos, le agradecerán generando menciones espontáneas. Si liga su accionar a una organización no gubernamental, podrá incrementar su visibilidad compartiendo las noticias desde la perspectiva de R.S.E. -Responsabilidad Sqcial Empresaria-. También podrá donar algunos tratamientos a alguna fiesta de gala de instituciones de bien público, apareciendo entre otras grandes empresas.

Encontrará otras 1001 ideas de comunicación para todo tipo de emprendimientos, en los volúmenes 1 y 2 de esta colección "Comunicación & Ventas", con recursos prácticos y sencillos, de implementacion inmediata y éxito asegurado.

» CÓMO COMUNICAR UTILIZANDO LAS WEBS, BLOGS Y OTROS RECURSOS

Siguiendo con la descripción de los formatos más usuales de materiales de prensa, hoy existen muchas herramientas tecnológicas disponibles para facilitar, complementar y permitir el acceso rápido y efectivo a las noticias que generamos.

Una recomendación básica es que cuente con un sitio de Internet conteniendo la información relevante sobre su empresa, quiénes son; qué hacen; oportunidades comerciales; misión, visión, productos, y hasta un sitio de compra online.

Los blogs corporativos también adquieren relevancia, siempre y cuando sean atractivos, y estén concebidos como herramientas valiosas de comunicación, tanto hacia el público como hacia los medios. Recuerde que los trabajadores de los medios buscan información permanentemente; y en ese proceso, es estratégico tener actualizados sus canales, como la web y el blog, y también su presencia en redes sociales y otros medios digitales.

En otros tramos de este libro, y, específicamente, en el capítulo 7, analizaremos en detalle el mundo de la comunicación digital.

» ELEMENTOS COMPLEMENTARIOS

Una efectiva campaña de prensa no sólo se compone de piezas escritas. Los elementos complementarios más usuales en este kit que conformarán un press-kit son:

- Las fotografías.
- Los videos.
- La música.
- Los elementos de identidad visual.
- Los formatos de almacenamiento digital de información
- La presencia en Internet y nuevos medios

¿Por qué son importantes estos elementos? Básicamente, porque la repercusión de un texto acompañado por una foto, o una nota radial con música como complemento, o en televisión un comentario con inserción de imágenes, va a ser mayor que si sólo enviamos una gacetilla o comunicado.

» EL VALOR DE LAS IMÁGENES

En los medios periodísticos, la fotografía sirve para documentar un hecho y, por ende, debe ser verdadera. Pero, además, cumple una función estética, por lo que también debe contar con algún atractivo artístico. De hecho, una buena foto, como las que producen los reporteros gráficos profesionales, puede ser la "carta salvadora" de una acción de prensa que viene difícil. Y también hay casos de campañas eminentemente visuales, en las que el material fotográfico tiene un peso aún más importante que lo escrito. Por ejemplo, en los lanzamientos de colecciones de moda.

De todas formas, la foto periodística siempre tiene que ir acompañada con un mínimo de información escrita. Una foto sobre un encuentro, por ejemplo, debe contar con un texto o epígrafe que diga quiénes aparecen ella, y cuándo y dónde se celebró la reunión.

» CÓMO TITULAR CORRECTAMENTE LOS ARCHIVOS

Cuando se envía material digitalizado a los medios, el nombre de cada uno de los archivos adjuntados debe indicar claramente de qué trata cada foto, por más que esto aparezca aclarado en el texto del e-mail o del soporte en el que lo entrega. De esta forma contribuiremos a que una foto no salga con un epígrafe equivocado, cosa que sucede con cierta frecuencia, ya que los periodistas a los que les mandamos el material no se encargan del diseño gráfico y diagramación de sus notas. Esto también nos ayudará a clasificar correctamente las fotos en nuestro propio archivo, y en el archivo de los medios, sobre todo, cuando contamos con varias tomas de una misma persona. En estos casos convendrá identificarlas de la siguiente manera: "Juan Pérez - Presidente de Midtown - Cuerpo entero ", "Juan Pérez -Presidente de Midtown - de frente " y "Juan Pérez - Presidente de Midtown - sentado -con marca de fondo".

Con el archivo de las gacetillas pasa algo similar. Nunca hay que guardarlas con el solo nombre de "gacetilla de prensa" o "información de prensa" porque luego nos va a resultar imposible diferenciar una de otra. Lo ideal es que el nombre incluya alguna referencia concreta.

» ELEMENTOS DE IDENTIDAD VISUAL

Dentro del kit de materiales de prensa, no olvide incluir las versiones aprobadas y correctas de los logotipos e isotipos, almacenados en los formatos usuales de archivos de imágenes, como por ejemplo, .jpg, .gif, .ai, .png, entre los más populares.

Asegúrese de que cualquiera que reciba sus archivos, podrá abrirlos sin problemas.

Algunas compañías prefieren enviar un link de Internet, desde el que los periodistas y medios podrán acceder a videos, fotografías, sonidos, logotipos, etc. En este caso, debe asegurarse antes de que, efectivamente, el material ya está subido y que el acceso es sencillo. ¡Esto hace la diferencia entre aparecer con o sin foto de sus contenidos!

Para recordar:

- Por lo general, la mayoría de los medios trabajan contra reloj, por lo cual siempre necesitan una respuesta inmediata.
- Si bien hay medios semanales, mensuales, bimestrales, y otros de salidas variables, por lo general, los productores, periodistas y editores de contenido quieren trabajar con la mayor prontitud posible.
- Su responsabilidad como jefe de prensa es resolver los temas con velocidad y efectividad.
- Si trabaja en una actividad de magnitud, recuerde disponer de todos los recursos necesarios para atender adecuadamente a la prensa. Puede montar una sala de prensa, una web específica para los medios, crear un microsite sobre ese tema en particular, y cualquier otra facilidad de acceso a los contenidos.

Cómo contactar
a un medio

Envíe sólo información
importante,
no sea invasivo,
y apunte a una relación
de largo plazo

En este capítulo, reseñamos los secretos para lograr una fluida comunicación con los medios preparando los materiales en forma adecuada. Sin embargo, la mayor dificultad puede ser cómo acceder a los medios más convenientes, captando su atención e interés.

Antes de tomar contacto con la prensa, es necesario tener real conciencia de lo que significa un medio periodístico. Un medio es, antes que nada, una empresa, y como tal, está sujeta a una serie de variables económico-empresariales que la obligan a generar recursos genuinos dentro de un mercado compuesto por competidores directos e indirectos.

En el caso de un diario de alcance nacional, por ejemplo, su competencia directa la integran no sólo los demás diarios de gran circulación, pagos o gratuitos, sino también los que se editan en las distintas provincias. Mientras que sus competidores indirectos son los demás medios de comunicación -revistas, radios, televisoras y medios digitales como newsletters electrónicos y páginas en Internet- que conforman el mercado.

Además de saber qué es un medio de comunicación, es también importante conocer quiénes lo integran, qué preponderancia tiene dentro del contexto empresarial de su país y si tiene alguna participación accionaria en otros medios menores o en otros negocios no necesariamente relacionados con el sector. Todo esto es información estratégica que un agente de prensa debe conocer, porque estas variables suelen influir en el resultado final de algunos trabajos.

La forma más directa para empezar a informarse sobre quién es quién en el mercado periodístico es consumir medios. Aunque también se puede conocer a través de los mapas de medios que se publican periódicamente y que, a la manera de un árbol genealógico, detallan todos los cruces de las principales empresas periodísticas que operan en un país.

Como hemos visto en los capítulos anteriores, la eficaz relación con los medios de prensa ayuda en el proceso de construcción de imagen pública, un eslabón fundamental y decisivo para el desarrollo de cualquier tipo de emprendimiento, a cualquier escala.

» CÓMO ENVIAR SU INFORMACIÓN A LOS MEDIOS

Existen distintas maneras de acercar información a los medios. Hace muchos años, una premisa esencial era hacerlo en forma personalizada, ya que nos brinda la posibilidad de presentarnos personalmente y entregar el material en mano. Sin embargo, ésta no es una tarea sencilla, ya que los periodistas disponen de poco tiempo para recibir a toda la gente que quiere verlos y, por ende, suelen preferir que les dejen el material en la mesa de entrada. Así y todo, a veces es factible intercambiar algunas palabras por teléfono desde la propia recepción, oportunidad que hay que aprovechar para introducirlos brevemente en el tema.

Otras formas son la entrega en mano durante un encuentro o en una conferencia o rueda de prensa; el envío al domicilio personal del periodista (únicamente si así lo han acordado; recuerde respetar la privacidad); o bien, un breve mensaje telefónico anticipando el envío de un e-mail o una correspondencia a su nombre.

Con el auge de las tecnologías de la información, hoy la forma más usual de contactarse con los medios es por correo electrónico. Sin embargo, es tanta la información que circula por esta vía que hay tener mucho cuidado con la forma en que se la presenta.

» CÓMO EVITAR TERMINAR EN LA PAPELERA DE RECICLAJE

Pasar la barrera de ser apenas un renglón en la Bandeja de Entrada del correo electrónico del periodista, es todo un logro.

Un aspecto clave es el texto que se coloca en el "asunto/subject" del e-mail, ya que de él dependerá que nuestro mensaje no pase a formar parte de la catarata de correos que son descartados sin siquiera ser abiertos. Aquí, una vez más, la sugerencia es actuar con criterio periodístico, usando ese espacio para informar claramente cuál es el tema de nuestra campaña de prensa.

Como se comentó en capítulos anteriores, en este tipo de envío es también importante no mandar e-mails muy pesados, con gran cantidad de imágenes adjuntas ni sonidos incorporados. En un envío general, lo recomendable es mandar el mensaje con texto plano, de forma tal que pueda ser leído fácilmente en cualquier formato y computadora.

Hay que tener en cuenta que al mandar documentos adjuntos, el destinatario tiene un doble trabajo: abrir el e-mail y después el archivo, por lo que se reducen las posibilidades de que lo lea. La cosa cambia cuando se nos ha solicitado previamente material específico. Esa es una buena oportunidad para enviar archivos adjuntos, ya que el periodista está en una actitud receptiva.

La información también se puede enviar mediante una empresa de distribución de correspondencia. En este caso, es fundamental contar con la posibilidad de chequear que el material haya arribado a destino, lo que se puede hacer mediante una planilla o recibo. Pero como el envío llega a la mesa de entrada, en algunos casos eso también obliga a hacer un llamado telefónico para terminar de asegurarnos de que la correspondencia está en manos de quien queríamos.

Cualquiera sea la forma de envío, la recomendación es: nunca ser invasivo. Algunos agentes de prensa consideran que la tarea de difusión a través del email consiste en mandar una misma gacetilla o comunicado indiscriminadamente a todo tipo de medios y periodistas y en reiteradas ocasiones, pero la experiencia indica que esta modalidad es altamente contraproducente. Por igual razón, tampoco conviene enviar material a domicilios particulares ni e-mails personales sin la conformidad del destinatario.

---

6 claves para que los periodistas no bloqueen su e-mail

- Envíe sólo información importante y preparada de manera profesional.
- Segmente sus listas de distribución.
- Maneje el timing apropiado para distribuir información. Conozca los ritmos de la prensa. Por ejemplo los domingos son buenos días para hacer algunos envíos a ciertos medios gráficos y agencias de noticias, ya que muchos necesitan contenidos para el lunes.
- No bombardee con e-mails que contengan la misma noticia.
- Ayude al periodista mediante la correcta clasificación de la información: incluya el rubro tentativo del tema que está comunicando -por ejemplo: ECONOMÍA | FINANZAS-, y el título atractivo, sintético, claro y neutral en el "Asunto"
- Utilice un e-mail profesional con el dominio de su empresa. No sólo transmitirá mayor solidez y consistencia profesional, sino que tendrá menos chances de que los servidores de los medios lo categoricen como Spam o correos no deseados al provenir de cuentas públicas o gratuitas.

» CÓMO Y CUÁNDO LLAMAR A UN MEDIO

En ocasiones, como responsable de prensa de la empresa, tendrá que llamar a un medio sin tener ningún dato respecto de la persona que debe contactar.

En esos casos, conviene llamar al conmutador y solicitar que lo comuniquen con la sección afín al tema con el que estamos trabajando. Por lo general, quienes atienden el conmutador en el horario de mayor actividad de un medio suelen estar suficientemente familiarizados con la tarea que desempeña cada periodista porque, en su labor de derivar llamados, coparticipan desde su lugar del proceso de producción de contenidos.

Pero, ¿siempre es necesario un llamado telefónico para chequear que el material fue recibido? Cuando uno divulga una información de alto impacto, la respuesta de los medios es inmediata. En cambio, si estamos trabajando con un tema que al medio le da lo mismo publicarlo o no, es imprescindible hacer un seguimiento.

> *Escuchar bien es un medio de comunicación y de influencia tan poderoso como hablar bien*
>
> **John Marshall**
> Juez estadounidense

» EL SENTIDO DE LA OPORTUNIDAD

Cuando se llama a un medio, hay que ser muy cuidadoso con el momento en que se decide hacerlo.

Veamos algunos ejemplos:

Programa de radio o televisión: si usted se comunica con la producción de un programa cuando está al aire, es muy poco probable que lo escuchen con atención. Salvo que ofrezca una información que es de interés público y que pueda convertirse en un diferencial en términos de audiencia.

Diarios: en estos medios, que tienen cierres todos los días. Aclaremos acá que el término "cierre" en el contexto del trabajo en los medios, significa finalizar el armado de la edición completa, para su posterior publicación. Por lo tanto, convendrá llamar en los momentos de menor actividad, que en el caso de los matutinos es alrededor de mediodía o a primera hora de la tarde. Sin embargo, cada medio tiene un esquema horario diferente, por lo que necesita conocerlo en profundidad.

Agencias de noticias: por sus características de empresas periodísticas encargadas de divulgar gran cantidad de noticias a
sus suscriptores -que pagan por los contenidos que reciben o
utilizan-, generalmente están más predispuestas a recibir contactos con mayor frecuencia. Sin embargo, el e-mail dirigido a
las personas apropiadas es la mejor herramienta de vinculación,
ya que permite que, en muchos casos, si la noticia es de interés,
prácticamente la divulguen muy rápidamente o la procesen sin
mayores dilaciones.

Sitios y portales de Internet: son los grandes consumidores de contenidos, por lo cual una correcta segmentación y un
trabajo estrecho con ellos, permiten mejorar la visibilidad mediática. Recuerde que también casi todos los sitios y portales
tienen sus versiones en redes sociales y en otros dispositivos,
como celulares, por lo que su noticia, si reviste interés, podría
amplificarse rápidamente.

Periodistas free lance y colaboradores: son profesionales
que trabajan abasteciendo de contenidos a uno o varios medios
al mismo tiempo. Por lo general, trabajan con distintos ejes te-
máticos, o bien con "Sumarios" de temas que acuerdan con sus
editores. Muchos están permanentemente conectados vía Internet, incluyendo sus cuentas en redes sociales, y rastrean y buscan
información como complemento para sus informes.

Noticieros en televisión: como los contenidos en televisión
requieren cierta producción previa, aun en casos de inmediatez
como es la transmisión en vivo de un acontecimiento de alto
impacto, en los mismos horarios de emisión no es conveniente

contactarlos, excepto que sea con estricta referencia a los temas-temas que están saliendo en pantalla en ese momento.

Medios semanales, quincenales, mensuales y de frecuencia variable: necesitará confeccionar un calendario de cierre de los medios, para poder enviar sus materiales en tiempo y forma. Por ejemplo, una revista mensual, por lo general, cierra su edición casi 20 días antes de la salida a la calle. Ciertas revistas que aparecen como suplementos sabatinos o dominicales de grandes diarios, suelen cerrar sus contenidos tres semanas antes de la distribución.

Como estamos viendo, la tarea de los responsables de prensa es estratégica, y requiere de una dedicación intensa, con mucha organización y planificación.

» CÓMO GENERAR UN TRATO MÁS PERSONAL

Como ya dijimos, por cuestiones de tiempo, el contacto cara a cara con los periodistas es bastante restringido. En general, la gente de los medios prefiere relacionarse por e-mail, redes sociales y, en ciertos casos, por teléfono. Sin embargo, hay situaciones que los agentes de prensa pueden generar y que redundan en favor de un trato más personalizado.

La más frecuente de esas modalidades es la conferencia de prensa, para la que se suelen preparar materiales un poco más elaborados que una simple gacetilla y que sirve de introducción al tema que se va a tratar en esa presentación. Este tema lo abordaremos detalladamente en el capítulo siguiente.

Si necesitamos generar un acercamiento más íntimo, por ejemplo, entre el gerente de una empresa y los medios por un determinado tema, también se puede invitar a los periodistas a visitar la empresa o a recorrer una planta industrial con la excusa de un desayuno de trabajo o un almuerzo, siempre generando una noticia como motivador de interés.

También existe lo que llamamos "encuentros de relacionamiento" (o de "good will") que no tienen, en sí, el objetivo de generar espacios en los medios, sino de mantener, fortalecer y compartir experiencias con los periodistas, en un tono más coloquial y relajado, espontáneo y sin la presión del rigor de una campaña informativa. En muchos casos, los trabajadores de la prensa se sienten complacidos ante estas invitaciones, y aprovechan para conocer más a la persona que al funcionario; o para profundizar aspectos sobre el mercado en que opera la empresa.

» CÓMO GESTIONAR LAS PRIMICIAS

En ciertas ocasiones, cuando disponemos de información relevante podemos manejar el concepto de "primicias" con ciertos medios, que pueden funcionar como disparador para que otros se hagan eco de la noticia.

Por lo general, las primicias se manejan con un solo medio, que tiene la prioridad, preacordada, de dar a conocer ese contenido. Se trata de un proceso de negociación, en el que, desde nuestro rol de jefes de prensa, tenemos que ser muy cuidadosos de respetar a rajatabla lo acordado, ya sea verbalmente o por escrito.

Usualmente cuando damos prioridad a determinado medio, podemos acordar alguna condición que pueda resultar en cierta ventaja respecto a la forma en que el material aparecerá reflejado. Por ejemplo asignarle mayor cantidad de espacio a nuestro material, saber si tiene potencial para ser un tema de tapa, duración de la entrevista, fecha específica de aparición, inclusión de determinada información adicional, etcétera.

El manejo de primicias es un aspecto muy sensible en la relación con la prensa, ya que el medio elegido puede ver esta acción como una ventaja, mientras que su competencia, generalmente lo siente como una afrenta, ya que "los hemos dejado de lado". Es conveniente ser sumamente cuidadosos a la hora de acordar primicias con los medios, respetando nuestra palabra, compromisos, y postura ética en el tratamiento de la noticia.

Del mismo modo, debemos ser conscientes de cómo esta primicia repercutirá en el resto de los medios, y ofrecer soluciones alternativas creativas a la competencia; por ejemplo, otro tipo de coberturas diferenciales, que constituyan una ventaja competitiva periodística real, de modo de favorecer la difusión de la misma noticia con otro enfoque. El tacto, la mesura, la ética y la claridad en la comunicación son cuatro claves importantes ante la negociación de primicias en los medios.

Con este capítulo, usted ya dispone de las herramientas necesarias para abordar a los medios. En el que sigue, aprenderá el proceso para determinar cuándo es conveniente hacer una rueda o conferencia de prensa; cómo lograr una convocatoria exitosa, y las estrategias para organizarías en forma efectiva.

Cómo organizar una conferencia de prensa y un lanzamiento de producto

Pegue bien, pero poco.
Sólo convoque
a la prensa
si se trata de algo
con interés público

Ya sea que se trate de una rueda o una conferencia de prensa, un lanzamiento de producto, el estreno de un espectáculo o la inauguración de una exposición, necesita conocer las herramientas clave para el Día D; es decir, el momento en que el responsable de prensa debe mostrar su capacidad de convocatoria para acentuar los resultados de una campaña de comunicación periodística.

Antes que nada, hay que tener en claro cuándo es necesario llevar a cabo algunas de estas modalidades. Se recomienda hacerlo cuando el envío de una gacetilla o un comunicado no resulta suficiente para transmitir el mensaje. Es decir, cuando la comunicación a los medios se verá enriquecida por ese contexto de presentación pública. Para eso, sin embargo, primero es indispensable disponer de una noticia que a la prensa le resulte trascendente.

Muchas veces, el titular de una empresa, por cuestiones de ego o porque está muy involucrado en un proyecto y pierde noción de sus verdaderos alcances, quiere a toda costa que se invite a los medios por cualquier motivo o novedad de su firma. Esto también se debe a la errónea creencia de que una presentación ante la prensa garantiza el éxito, lo que tal vez se origine paradójicamente por su propio consumo de medios. En estos, es usual leer ver o escuchar que tal o cual persona dio una conferencia de prensa, que realizó un lanzamiento o que organizó una función especial de cine o teatro para periodistas.

Sin embargo, así como no todo es "prensable", tampoco cualquier noticia reúne los suficientes condimentos como para convocar a los medios. Por ende, luego de hacer un diagnóstico del caso, es el responsable de prensa quien debe aconsejar cuándo conviene hacer una presentación ante la prensa, y cuándo no.

» LA CONFERENCIA DE PRENSA

Para poder organizar una conferencia de prensa -al igual que otro tipo de convocatoria a los medios-, se debe disponer de un hecho de interés público.

Ejemplos: Cuándo sí y cuándo no convocar a una conferencia de prensa

Muestra de arte: no cualquier muestra pictórica es motivo suficiente para invitar a una conferencia, pero sí amerita hacerlo si se trata de un artista de renombre internacional, prestigioso y que además dispuso donar lo recaudado por la venta de sus obras a una entidad de bien público.

Comienzo de la temporada de verano en un centro turístico: si es un hecho anual, y no hay ningún aditamento adicional para anunciar, no amerita una conferencia de prensa. Pero si estará acompañado de una serie de acontecimientos deportivos, shows musicales de renombre y una nueva reglamentación sobre el cuidado y protección ecológica de la región, y asisten no sólo las autoridades sino los deportistas y artistas, en este caso sí tendrá "valor noticia".

Presentación de una nueva colección de una marca de ropa: si es el lanzamiento de colecciones que se realiza dos veces al año (otoño-invierno y primavera-verano) y no hay grandes novedades, podría ser un encuentro restringido a medios dedicados a esa temática. Aunque si el evento sirve para anunciar un programa de reciclado de jeans de la marca, que serán destinados a confeccionar indumentaria para familias de bajos recursos, la noticia adquiere mayor relevancia.

Anuncio de una nueva edición de una feria de una cámara empresaria: en caso de que se trate de una edición anual recurrente, y no haya novedades de importancia en el sector que puedan tener impacto masivo, no hace falta hacer una conferencia de prensa. Sin embargo, si la exposición vuelve luego de 10 años de ausencia, y ahora hay un impulso de dicha industria local debido a, regulaciones estatales que impiden el ingreso de importaciones de esos productos, el tono de la noticia se eleva y puede amplificarse mediante un anuncio en una conferencia.

Otras circunstancias que justificarían esta convocatoria serían:

- La presentación de un congreso donde se anunciarán importantes avances médicos.
- La visita de un artista internacional que no dispone de tiempo como para dar notas a todos los medios.
- Distintas situaciones de crisis como puede ser el cierre de una empresa, conflictos graves con otras empresas o actores sociales, etcétera

» CARACTERÍSTICAS DE LAS CONFERENCIAS DE PRENSA

Reúne gran cantidad de medios: la conferencia es un buen recurso para reunir una gran cantidad de medios, comunicar un mensaje uniforme y tener una repercusión inmediata, sobre todo porque, si la noticia es de impacto, se puede transmitir en vivo mediante radios y canales de televisión, de manera online a través de Internet, y las agencias de noticias pueden divulgarla a los pocos minutos, e incluso desde el mismo lugar.

Abre espacios de preguntas y respuestas: su característica más distintiva es que permite abrir un espacio de preguntas y respuestas luego de la exposición de los conferencistas.

Permite personalizar relaciones: antes, durante y después del acontecimiento, se genera un espacio de intercambio con los medios de prensa. Dependiendo del tenor del contenido convocante, es importante establecer esta política de acercamiento.

Facilita unificar un anuncio especial: por ejemplo, ante un parte médico que se divulga con cierta frecuencia pautada y anunciada; o cuando es necesario hacer declaraciones sobre un hecho que afecta la reputación de la compañía o la persona, y se decide hacerlo en forma pública y no mediante un comunicado de prensa, o una nota exclusiva.

Mantiene la expectativa sobre el hecho: si la noticia es convocante, por ejemplo, los anuncios relacionados con el caso de los 33 mineros chilenos que estuvieron 70 días sumergidos a 622 metros de profundidad, y todo el proceso de rescate que tuvo final feliz, una conferencia de prensa permite actualizar los mensajes clave y, a la vez, mostrar una actitud de "puertas abiertas" hacia los medios.

» CÓMO LOGRAR QUE LOS PERIODISTAS PREGUNTEN

A veces, previendo la posibilidad de que los periodistas se muestren algo dubitativos al momento de hacer la primera pregunta, a modo de disparador, conviene que sea hecha por el propio responsable de prensa.

Otra forma de propiciar una reacción inmediata es sugerir algunos temas a parte de los periodistas. No se trata de decirles qué tienen que preguntar, sino de anticiparles ciertos aspectos que uno cree que pueden interesarles. Sin embargo, cuando el tema o personaje es atractivo, la prensa siempre pregunta. A veces no todo lo que el cliente desea, porque los medios prefieren tener información de primera mano y, por ende, al final de la conferencia acostumbran a acercarse al protagonista para obtener un testimonio más directo.

» CÓMO CALCULAR EL ÉXITO DE SU CONVOCATORIA

La pregunta del millón: ¿Cuándo una convocatoria es exitosa? Se considera un buen resultado cuando asiste aproximadamente el 50% de los invitados y la mayor parte de los medios más importantes, teniendo en cuenta el tema a anunciar.

Para el titular de la firma, el vocero o el responsable de hacer la presentación, probablemente, ese porcentaje no sea suficiente, por lo cual hay que explicarle previamente el criterio de evaluación. Porque cuando se organiza algún tipo de presentación para los medios no sólo hay que tener en cuenta la concurrencia, sino la calidad de los medios presentes.

Si algún medio no tiene la posibilidad de enviar un periodista pero muestra interés en el tema, el objetivo será conseguir una nota anticipo y, de lograrla, también habrá que agregarlo en el éxito de la difusión.

Sin embargo, una nota previa no siempre tiene que ver con el impedimento de un medio para cubrir el evento. De hecho, cuando el tema o personaje convocante es realmente atractivo, la prensa suelen interesarse por reflejarlo antes, lo que se puede hacer, por ejemplo, a través de una entrevista o una producción fotográfica.

Recuerde enviar el material una vez finalizado el encuentro. A los medios que confirmaron su presencia y que por un motivo u otro no asistieron, hay que hacerles llegar el material distribuido, una reseña de lo dicho por los oradores y fotos del evento lo antes posible, y nunca pasadas las 24 horas siguientes. Y a todos los medios, incluyendo los que concurrieron, igualmente envíeles fotografías, links a videos y una breve reseña de los anuncios destacados.

LOS SECRETOS DE UN EXPERTO
Cómo disparar preguntas en una conferencia de prensa

• Prevea un moderador o presentador.	• Recuerde que hay un tiempo establecido para este bloque de preguntas y respuestas. Podrá extenderlo si hay mucho interés.
• Cuando los periodistas lleguen, entregúeles un anotador, bolígrafos, y varias copias de un formulario breve con nombre, apellido, medio, pregunta y hacia quién está dirigida, en caso de que haya varios oradores.	• Acerque unas primeras preguntas, ya elaboradas por usted, al estrado del moderador.
• Hágales saber que las preguntas se realizarán por escrito al final de la presentación prevista. Anuncie que se destinará un tiempo preestablecido a preguntas y respuestas; por ejemplo, 15 minutos.	• Mientras tanto, tome un tiempo para ordenar y seleccionar las demás preguntas, y entregúelas al presentador.
• Invítelos desde el comienzo a ir escribiendo sus dudas y preguntas.	• Dé curso a las preguntas elegidas. Cuando se agote el tiempo que usted ha determinado, anuncie que se responderán dos últimas preguntas, y que por mayores detalles los voceros estarán a disposición en el salón contiguo, O tomando contacto con la empresa a través de usted.
• Recoja las preguntas al finalizar la presentación formal.	

» DOS ALTERNATIVAS A LA CONFERENCIA DE PRENSA

Hay otros recursos que pueden ser igualmente eficaces, sin necesidad de realizar una conferencia de prensa. Entre ellos, aquí van dos ejemplos:

La rueda de notas: consiste en fijar un día y horario para que el vocero en cuestión reciba a los principales medios, por ejemplo, a razón de media hora cada uno, y luego brindar una conferencia para el resto.

La rueda de prensa: es algo más informal que la conferencia y pueden darse en la sala de espera de un aeropuerto antes o después de un viaje, en la calle, en una concentración o vestuario deportivo, o en el hall de un teatro o cine si se trata de un estreno.

» CÓMO HACER UN LANZAMIENTO DE PRODUCTO

El lanzamiento siempre tiene que ver con la presentación de un producto o servicio y puede incluir o no una ronda de preguntas y respuestas.

Sirve tanto para una nueva línea de vinos, un jabón en polvo, un nuevo canal de televisión, un auto, o una línea 0800 de información al público. Aunque si se trata de un producto, es usual que incluya una degustación o demostración que permita comprobar sus bondades.

Sin, embargo, no todo lanzamiento exige una invitación a la prensa, ya que también se puede hacer enviando muestras del producto e información a los medios.

Muchas empresas han adoptado la política de unificar en un solo encuentro el lanzamiento destinado, por ejemplo, a sus concesionarios, junto con la prensa y otros invitados corporativos. Pero ésta es un arma de doble filo: si algún aspecto del evento no resulta como estaba planeado, cualquiera de esos públicos se darán cuenta. Si ocurre algún incidente con la prensa, por ejemplo, una pregunta que el vocero asignado no atina a responder apropiadamente, el resto de la audiencia será partícipe del papelón.

La sugerencia es: segmente por grupos. Puede realizar dos encuentros, el mismo día. O puede citar en horarios diferentes, uno a continuación del otro, amortizando los costos de la inversión.

» CÓMO CONVOCAR PERSONALIDADES

En ciertos casos, las marcas eligen a determinadas figuras que, por su popularidad o llegada, consideran que son concordantes con el espíritu de un lanzamiento o presentación.

La red de contactos con personalidades de distinto tipo -actores, actrices, directores, escritores, empresarios, deportistas, modelos, y hasta conductores de radio y televisión y periodistas considerados referentes- se organiza de manera similar a la de periodistas. Con la salvedad de que su desarrollo conlleva mucho más tiempo y obliga a una relación más personalizada.

En estos casos no alcanza con mandar una invitación y hacer un llamado para chequear su presencia. Primero, hay que ganarse su confianza. Y eso básicamente se logra cuidándolos. Es decir, invitándolos no a cualquier actividad, sino a aquellas que les puedan interesar o reportar algún beneficio.

Como en general estamos hablando de relaciones de mutua conveniencia, los famosos van de motu proprio cuando:

A. La invitación les significa pasar un buen momento.

B. Están haciendo alguna actividad y les conviene aparecer ante colegas y la prensa.

C. Les interesa mostrase vigentes.

D. Pueden hacer eventuales contactos de trabajo, o simplemente, sociales.

Lo fundamental es que no se sientan usados. Y parte de ese cuidado también implica invitarlos más allá de que vayan o no al lanzamiento; evitar que hagan cola, reservarles asientos bien ubicados, y acordarse de ellos no sólo cuando uno los necesita.

Además, recuerde tener cortesías especiales con estas figuras, que, por otro lado, estarán participando en fotografías, entrevistas, coberturas y apoyando, desde su aporte de presencia e imagen, con el acontecimiento en cuestión.

» PERSONAJES FAMOSOS ASOCIADOS A MARCAS

Es frecuente que las empresas incluyan un ítem que contémplala contratación de uno o más personajes famosos. En esos casos, el trabajo es mucho más sencillo, porque el agente de prensa sabe que se garantiza sus presencias y que tendrán una disposición especial, por ejemplo, para sacarse fotos con un producto; e incluso, cuando son contratados para campañas publicitarias, se incluyen cláusulas de participación en ciertos eventos e instancias.

Una pregunta frecuente es: ¿Cómo se elige un personaje para representar a una marca? Lo primero que tenemos en cuenta es si ese artista, deportista, etcétera, es referente aspiracional del target al cual se dirige esa marca. Es decir, si por sus cualidades, es afín a las características del producto. Por ejemplo, una bebida u otro producto que participa de una dieta sana, contribuye a la hidratación, y tiene otras propiedades, se asociará a deportistas, modelos o artistas con muy buen físico, que el público conozca por realizar prácticas deportivas, además de su profesión.

Básicamente las marcas se alían a líderes de opinión para generar mayor presencia dentro de los medios, por lo que es un requisito indispensable, además, que esa participación, ese "link", pueda transformarse en noticia.

» CEREMONIAL, PROTOCOLO Y ETIQUETA

Tres aspectos fundamentales a tener en cuenta en ciertas ocasiones, sobre todo cuando hay invitados de rango gubernamental, autoridades diplomáticas y extranjeros, es conocer y seguir las reglas de Ceremonial, Protocolo y Etiqueta. Es recomendable asesorarse por profesionales especializados, ya que en buena parte, de este aspecto depende el éxito de su acontecimiento.

En una breve síntesis, que el lector podrá ampliar con la extensa bibliografía y artículos disponibles sobre estos temas, es importante hacer una distinción general entre estas disciplinas. **Ceremonial:** es el conjunto de formalidades para los actos públicos y solemnes. Hay reglas que deben observarse según los actos a organizar, los países donde se lleven a cabo, los rangos de los funcionarios que asistan, y hasta la ubicación de las banderas nacionales, entre otros aspectos.

Protocolo: regla ceremonial diplomática establecida por decretos (leyes, ordenanzas, etc.), y también muchas veces determinada por aspectos culturales de un país o región en particular.

Etiqueta: es el patrón de Ceremonial que abarca usos, costumbres, estilos y demás aspectos que se aplican en las casas reales y ciertos actos públicos.

En estas disciplinas se aplican cuestiones de tratamiento y de precedencia. El tratamiento implica la forma en que nos dirigimos a los demás, y la precedencia establece el orden o jerarquía de una persona y de un país sobre otros.

Sin embargo, es fundamental saber que existen convenciones a nivel global, y otras específicas de cada país, donde se establece que cada nación puede determinar sus propias leyes de ceremonial. Dentro de la llamada "igualdad jurídica de los estados" por ejemplo, se establece que, ante visitas extranjeras, el ceremonial y protocolo de aplicación es el del país anfitrión.

El modo cómo digo algo, tendrá el mismo impacto en la percepción de la gente sobre mi, que el contenido de lo que estoy diciendo.

Fran Luntz
Especialista en comunicación política

24 recursos para un lanzamiento exitoso

1. Encare la organización con tiempo. Idealmente con un mínimo de 90 días.

2. Destine los recursos necesarios y con fluidez.

3. Consensúe en equipo todos los detalles.

4. Transmita eficazmente los mensajes clave que desea que sean recordados.

5. Genere una experiencia inolvidable.

6. Haga que se comente la presentación.

7. Incluya atractivos adicionales, como una presentación artística, recursos tecnológicos de impacto y novedades en la forma de mostrar el producto.

8. Entrene a los voceros.

9. Cronometre a los voceros: asígneles un tiempo específico y ensayen las presentaciones.

10. Disponga de lugares de descanso para los ejecutivos y voceros de la empresa, y los invitados especiales.

11. Si hay representación de autoridades de distinto tipo, chequee de antemano los aspectos de protocolo y ceremonial.

12. Observe las indicaciones de los especialistas respecto al orden de precedencia de autoridades y disertantes.

13. Cuide la ambientación del lugar.

14. Estudie adecuadamente los temas culturales, étnicos, sociales y cualquier otro aspecto relevante en relación con su lanzamiento. Esto implica desde cuidar la colocación de banderas de países, hasta disponer de traductores simultáneos en caso de oradores de otras lenguas, incluyendo auriculares para el público presente.

15. Diseñe invitaciones en papel y sus versiones digitales con los datos claros, concisos y hasta obvios, sobre día, hora, lugar, vestimenta. No olvide incluir los detalles básicos del motivo del lanzamiento, y la identidad visual de la empresa y el proyecto.

16. Asesórese en temas de seguridad del lugar, incluyendo estacionamiento, salidas de emergencia, protocolos ya establecidos, funcionamiento de ascensores, rampas, tableros de iluminación, aire acondicionado, calefacción, etcétera.

17.	Entrene al personal del evento. Reúnase al menos una hora y media antes del comienzo. Unifique criterios. Marque prioridades. Explique los objetivos del encuentro. Haga que se conozcan entre sí. Cree un clima favorable en el staff asignado. Hay pocas cosas más desagradables, en una presentación, que camareros poco simpáticos, vestimentas deslucidas, y promotoras que no tienen idea sobre el tema.
18.	Disponga de un sistema de intercomunicación, y asigne un equipo a los principales referentes de las áreas estratégicas: salón de eventos, catering, audio y video, y cualquier otra área relevante.
19.	Haga un ensayo técnico previo al evento. Ajuste los volúmenes de sonido y luces. Permita que la gente pueda mirarse a los ojos mientras asiste, por ejemplo, a una proyección: esto ayuda a crear un clima especial.
20.	Asegúrese de que los voceros lleguen al menos 45 minutos antes de la hora fijada para el comienzo.
21.	Si los asistentes estarán sentados, prevea las ubicaciones; rotule los asientos preasignados -por ejemplo, para autoridades y altos ejecutivos-, y explique al resto que pueden ubicarse libremente, excepto en las zonas donde se indica. Incluya personal de apoyo en los laterales de las filas reservadas, que aseguren que sólo tomarán asiento las personas indicadas.
22.	Prevea, de ser necesario, una plataforma para las cámaras y fotógrafos, con la distancia óptima para sus coberturas.
23.	Asegúrese de que la marca esté presente de distintas formas, durante todo el evento.
24.	Recuerde que este trabajo es una sumatoria de pequeños detalles hacia el gran resultado.

» PRECEDENCIA EN EL ÁMBITO PRIVADO

En el mundo privado, son los titulares de las empresas y los anfitriones los que determinarán las reglas básicas a aplicarse.

En su relación con organismos estatales, es importante saber que, desde el Ceremonial y Protocolo, los estatales tienen precedencia sobre los privados. Y si una persona representa a un ente gubernamental, por lo general se acostumbra a darle precedencia sobre los titulares de empresas privadas. En el caso de múltiples empresas involucradas en un acto, se ordenarán alfabéticamente. Cuando asisten socios o dueños, tienen precedencia sobre otras empresas representadas por funcionarios o ejecutivos. Y cuando concurren varias personas de diversas empresas, se recurre al orden alfabético por nombre de empresa.

En el caso de múltiples gerentes de una misma empresa y jerarquía idéntica, lo recomendable es establecer la precedencia por algún parámetro tangible, por ejemplo, tomando en cuenta la fecha de creación de la gerencia o según la antigüedad de cada uno de los ejecutivos en dicho puesto. La recomendación es que esto figure en el manual de procedimientos de la empresa.

» LA BANDERA: SU PRECEDENCIA Y UBICACIÓN

La bandera nacional ocupa siempre el lugar de preferencia en su país. Su ubicación, tanto en actos públicos o privados, debe ser a la derecha del punto central o lugar de honor. Es decir, que se colocará a la derecha de las autoridades, oradores, etcétera, tomando en cuenta la ubicación de éstos (es decir, no del auditorio que asista). Si se colocaran dos banderas, la nacional irá a la derecha del lugar central y a su izquierda, la del país invitado o de la empresa o ente convocante. En el ámbito privado, la bandera del anfitrión encabeza esta normativa.

Si hay que colocar varias banderas, el emblema nacional va en el lugar central; ordenando las banderas invitadas a su derecha y su izquierda sucesivamente, siguiendo el orden alfabético según el nombre de los países.

También existe lo que se llama un "orden lineal" y resulta apropiado en el caso de congresos, seminarios, etcétera, donde la bandera anfitriona ocupa el extremo derecho, siempre tomando en cuenta la visual desde el escenario.

» APRENDIENDO SOBRE COLORES Y SÍMBOLOS

En el diseño de conferencias de prensa, presentaciones, lanzamientos de producto y demás actividades, es importante considerar el impacto que tiene la presencia de la marca convocante, y otros detalles, como la vestimenta de los oradores, la iluminación, los colores, sonidos y climas que se crean en el ambiente.

Uno de los recursos a tener en cuenta para lograr los mejores resultados, es conocer los principios de lo que se ha dado en llamar la psicología del color, que analiza y estudia científicamente el impacto que tienen los colores, asociados a todo tipo de productos, desde los logotipos que los identifican, pasando por el envase (packaging) en el que son comercializados, los lugares donde son exhibidos, o cómo se los muestra en un video o en anuncios en la vía pública.

Los trailers cinematográficos promocionales son un buen ejemplo: se alinean colores, tipografías, tonalidades, matices, luces, sonidos y tramas, para comunicar, en pocos segundos, una síntesis argumental de una película, y, lo que es más importante, lograr que los espectadores se interesen por pagar una entrada en las salas.

Programas de televisión, y sus estaciones emisoras, cuidan con creciente interés el desarrollo de su packaging visual: desde los logotipos aplicados en la pantalla, hasta los audio-logos (sonidos) que los acompañan y las voces de los locutores.

¿En qué puede beneficiarse el responsable de prensa de la empresa en conocer estos principios? Ni más ni menos que en contar con más recursos para lograr un mayor impacto y recordación de su trabajo.

Llama la atención el poco cuidado que muchas empresas ponen en su identidad corporativa: carpetas y folletos con determinados colores y tipografías; anuncios publicitarios diametralmente opuestos, o acciones promocionales que en nada se emparentan con su público objetivo.

De allí que es importante contar con el asesoramiento de profesionales de la prensa, las relaciones públicas, y todas las disciplinas de la comunicación, para el diseño e implementación de estrategias que contribuyan a dar solidez a las marcas, de modo de obtener los resultados buscados.

Teniendo en cuenta que un alto porcentaje de la comunicación humana es no verbal -algunos dicen que más del 90%-, la lectura del lenguaje corporal adquiere singular importancia.

Cuando un orador es seguido con atención por su audiencia, o, por el contrario, despierta inmediatas reacciones adversas -como aburrimiento, tedio, ira, etcétera-, en muchos casos es sumamente gráfico observar su actitud corporal. De allí la importancia de que personas y voceros con exposición pública reciban entrenamientos dictados por profesionales, entrenamiento que se denomina "media training" en la jerga del sector.

Como sabemos, desde siempre el hombre asoció los colores con ciertas sensaciones: el negro con la noche, el gris con la tristeza, el verde con la esperanza, el amarillo con la claridad y la santidad, el blanco con la pureza.

Al diseñar materiales para la prensa, fondos para presentaciones, afiches, carteles y señalética y eventos, así como vestimenta para presentaciones en público, es importante tener en cuenta que los colores cálidos atraen más que los fríos, y los claros más que los oscuros.

En esta breve síntesis, ya que el lector podrá profundizar en el tema en la abundante bibliografía disponible en el mercado o en Internet, repasaremos el impacto de loscolores en los receptores de mensajes:

Rojo: actúa vivamente, motivando al espectador, y dominando cualquier conjunto. Representa vitalidad y acción y ejerce gran influencia en los estados de ánimo. Como simbolismo evoca el fuego, la sangre, el amor, la pasión, el orgullo y la violencia.

Anaranjado: Es el más cálido de todos los colores; tiene cierto poder hipnótico. Cuando posee una porción débil de rojo produce un sentimiento placentero, aunque se torna raerte, agresivo, a medida que se le aumenta el contenido de rojo. Algunas personas con necesidades educativas especiales ante este color reaccionan en forma impulsiva y a veces agresiva. Refiere a la gloria, el esplendor, la vanidad, y el progreso.

Amarillo: Alegra la vista y estimula el espíritu. Produce en el ser humano alegría, buen humor y ternura. Da impresión de calor, luz, plenitud, sosiego y reposo.

Verde: es el color de la naturaleza y transmite calma y tranquilidad.

Azul: Es el más frío de los colores. Acentúa los tonos cálidos y es escogido muy a menudo para fondos. Es el color calmante por excelencia, y se encuentra frecuentemente asociado a ideas maravillosas, inaccesibles. Simboliza la lealtad, honradez, fidelidad, así como el ideal. El azul suave es muy recomendado en las grandes áreas porque no causa fatiga a los ojos.

Violeta: Produce impresión de reposo, color serio, melancólico, simboliza distinción, pompa y magnificencia; a veces temor o penitencia.

Negro: Cualquier color produce un mayor efecto si se lo aplica sobre un fondo negro. Adelgaza, estiliza la figura. Aplicado sobre un fondo de color desprende un cierto resplandor. Simbólicamente se lo asocia con la idea de sobriedad, calidad, y también, en otros niveles de percepción según el contexto, soledad y muerte.

Blanco: Cualquier color, por fuerte que sea, pierde brillo al ser utilizado con fondo blanco. El blanco engrosa. Es asociado a ideas de pureza, perfección, limpieza, inocencia, asepsia, calma y paz.

De la A a la Z, todo lo que hay que hacer

A. Organizar la conferencia con suficiente antelación.

B. Elegir un día y horario adecuados.

C. Salvo que una situación de coyuntura obligue a realizarla de un momento para otro, hay que evitar los fines de semana, feriados y momentos del día que colisionen con la rutina periodística, como pueden ser el horario de cierre de los diarios o las primeras horas de la mañana.

D. Chequear que ese día y horario no coincidan con otro evento que pueda involucrar a la misma masa de periodistas o que por su importancia pueda opacar nuestro trabajo. Esto se puede hacer mediante los sitios de Internet que publican este tipo de agendas, o a través de periodistas o colegas de nuestra confianza.

E. Elegir un lugar de fácil acceso. Aunque en el caso de que la conferencia forme parte, por ejemplo, de una visita a una planta industrial alejada del ámbito laboral de los periodistas, también hay que prever su traslado confortable y posterior regreso. Provea estacionamiento. Si hay móviles de televisión, debe disponer de grandes espacios, y permitir el cableado técnico.

F. Si la invitación es a un lugar aún más distante y por varios días, además, se debe resolver el tema del alojamiento. En este sentido, los alcances de convite deberán ser muy claros. Por ejemplo, qué incluye el viaje.

G. Mantenga reuniones previas con el vocero y cada uno de los sectores involucrados en la organización: sonido, luces, video, etcétera.

H. Prepare el material de prensa a distribuir el día de la conferencia, que suele ser más completo que el que habitualmente se envía a las redacciones. Por lo general, se trata de una carpeta con información detallada y fotografías con su correspondiente identificación, en un soporte digital actual, o en cualquier otra tecnología de almacenamiento de información. Asegúrese de que los dispositivos de almacenamiento sean de uso común.

I. Prevea siempre un presente para los asistentes. Puede ser algo asociado a lo que se va a presentar o anunciar, por ejemplo, un bolso, una lapicera o una camiseta con el logo de la empresa convocante; o, si los recursos lo permiten, busque innovar y destacarse con opciones creativas y de alto impacto.

J. No haga regalos diferenciados, por ejemplo, uno para los medios más importantes y otro para el resto: se meterá en problemas.

K. Convoque a los medios con al menos una semana de antelación. Lo más usual es hacerlo vía e-mail y también puede utilizar el correo privado.

L. Tenga en cuenta que, como buena parte de los invitados podría no asistir, la convocatoria tiene que ser masiva, siempre obviamente dentro del segmento de medios con que se está trabajando.

M. Si se trata de una presentación de magnitud, evalúe la posibilidad de implementar un sistema de acreditación previa. Sobre todo, si la capacidad del lugar es limitada. En ese caso, hay que avisar a los periodistas el procedimiento, por ejemplo, vía email. Luego, por dónde deben pasar a retirar las credenciales o, en su defecto, consultar dónde hay que enviárselas.

N. Cinco días antes del evento, comenzar a chequear quiénes van a concurrir. Es lo que se denomina "Follow up" o seguimiento: Sobre todo, si la invitación incluye un desayuno, cocktail, almuerzo o cena, porque si el desfase entre invitados y asistentes es muy grande, no habrá manera de resolverlo,.

Ñ. Debe saber lo que va a decir el o los oradores, asesorarlos sobre cómo transmitir el mensaje y conocer cualquier otro tipo de material que se vaya a presentar durante el evento: video, gráficos, presentaciones en Power Point, Flash, animaciones, etcétera.

O. Posteriormente, ofrezca una copia de las declaraciones.

P. Encargue la realización de los carteles que identifiquen a cada uno de los oradores (name-tags). Coloque copas, servilleta y botellas de agua sin gas, sin identificación, o con las etiquetas no visibles hacia la prensa.

Q. Coloque carteles -banners- con el nombre y logo de la firma organizadora y supervise su correcta ubicación detrás de los oradores a fin de que se vean en las tomas de los reporteros gráficos. También puede instalar pantallas y recursos tecnológicos novedosos. Tenga en cuenta que no interfieran el video y sonido de los medios audiovisuales; que no produzcan reflejos; y que la visión sea óptima aun si los camarógrafos encienden luces y los fotógrafos disparan sus flashes.

R. Disponga del suficiente espacio para acreditaciones de prensa, así como del personal apropiado. Las listas deben ordenarse por orden alfabético de apellido, y contener todos los datos de los periodistas y medios, incluyendo sus teléfonos y e-mails. Recuerde que los encuentros personales, como éste, son ocasiones apropiadas para actualizar bases de datos.

S. Entrene al personal sobre el timing del evento; deben saber todos los aspectos, logística, a quién reportar problemas que puedan presentarse; y hasta la ubicación de los sanitarios y guardarropas.

T. Según el caso, el responsable de prensa puede tener mayor o menor ingerencia en, los aspectos organizativos no relacionados a lo estrictamente periodístico. Lo recomendable es hacerse cargo o seguirlos muy de cerca, ya que el sentido de encuentro esta dado por su convocatoria. Y aunque el responsable de prensa no haya tenido responsabilidad, si algo no sale bien, ante los ojos de la prensa el culpable será él.

U. Hay que señalizar correctamente desde la entrada de calle el salón donde se va a desarrollar el encuentro, incluido el servicio gastronómico (catering), si está previsto.

V. Realizar pruebas previas de iluminación, sonido y proyección.

W. Debe haber suficiente cantidad de toma corrientes para camarógrafos e iluminadores a los costados de la sala o al fondo.

X. El día del evento, el agente de prensa tiene que tomar todos los recaudos necesarios para llegar temprano. Si no estuvo a cargo de los aspectos organizativos, hay que hacerlo como mínimo una hora y media antes. De lo contrario, debe llegar bastante antes para supervisar que todo funcione correctamente.

Y. Asegúrese que el lugar disponga de conectividad de Internet libre y disponible sin problemas de ningún tipo para la prensa; también cerciórese de que funcionen los teléfonos.

Z. Una conferencia, al igual que otras presentaciones destinadas a la prensa, nunca empieza a la hora en que se citó a la gente. Siempre hay un cierto retraso. En este caso en particular, lo aconsejable es empezar cuando estén completas tres cuartas partes de la sala, aunque la demora nunca puede ser mayor a los 30 minutos.

Hasta aquí hemos descripto las distintas facetas del trabajo del responsable de prensa.

Ahora, una vez que los medios se han hecho eco de nuestra campaña o convocatorias, resta saber cómo rastrear y organizar cada una de esas repercusiones en un reporte. A eso nos abocaremos en el próximo capítulo.

Monitoreo y armado de reportes

No descuide
la información
hacia adentro.
Permitirá que valoren
su trabajo y emprender
nuevas acciones

El reporte de resultados de prensa, al igual que una convocatoria a los medios, es uno de los instrumentos de los que se vale el responsable del área para convertir en tangible un trabajo básicamente intangible.

Un reporte bien hecho permite mostrar los logros y debe contener un pormenorizado detalle de todas las acciones de prensa llevadas a cabo durante una campaña. Además de incluir lo que efectivamente se obtuvo de presencia mediática, también contendrá un detalle de todas las gestiones realizadas. Por ello, es recomendable que lo llame "Reporte de gestión de prensa".

Ahora bien: ¿cómo estar atentos a las repercusiones de una campaña de difusión periodística? ¿Cuáles son las formas más apropiadas para hacerlo? ¿Cómo reflejar los resultados? Aquí, las principales claves basadas en la experiencia práctica.

» CÓMO HACER EL MONITOREO DE MEDIOS GRÁFICOS

El seguimiento de lo que publican diarios, revistas, boletines, newsletters en papel y otro tipo de medios gráficos, requiere implementar un aceitado sistema que nos facilite relevar cada una de esas menciones.

Una forma de hacerlo es comprar todos los diarios y revistas a los que les hemos enviado información, aunque como esto suele resultar bastante oneroso, quizás convenga llegar a algún tipo de acuerdo con nuestro kiosquero de confianza para poder revisar todas las publicaciones y pagarle sólo los ejemplares que nos sean de utilidad.

Otro modo más sencillo de llevar a cabo esta tarea es contratar los servicios de una agencia de clipping que se dedican a monitorear todo tipo de medios. En particular, hay agencias especializadas en seguimiento de los medios que se editan en papel, aunque con tendencia creciente están expandiendo sus servicios hacia todos los demás medios, como radio, televisión, Internet, etcétera.

Es aconsejable contratar una agencia de clipping cuando esté llevando adelante varias campañas simultáneas. Esto simplificará mucho su tarea diaria, y, a la vez, reducirá los valores de contratación de esos servicios.

De todas formas, cuando se apela a esta modalidad, es necesario realizar un rastreo paralelo porque, por lo general, este tipo de agencias sólo hacen un seguimiento de los medios masivos, dejando de lado otras publicaciones más específicas y abocadas a temáticas puntuales que un agente de prensa también tiene que tener en cuenta a la hora de realizar ciertas campañas; o medios locales o regionales que, en el contexto de determinadas campañas, adquieren relevancia.

El procesamiento de los recortes de medios gráficos debe realizar la clasificación de los mismos en diferentes carpetas y soportes; el montaje de los artículos sobre hojas de papel, convenientemente identificadas con:

- Nombre del medio
- Fecha de publicación
- Sección
- Página
- Tema
- Y a continuación el artículo completo.

» CÓMO HACER EL SEGUIMIENTO DE MEDIOS DIGITALES Y AUDIOVISUALES

Con el avance de Internet, el seguimiento de noticias se ha agilizado y hasta simplificado.

Hay muchas herramientas y motores de búsqueda, y configuraciones que usted mismo podrá realizar en forma sencilla y efectiva para que, con la frecuencia que quiera -al instante, diariamente, semanalmente, mensualmente- el mismo buscador de Internet le envíe links de los temas que detecta siguiendo determinados parámetros.

Los sitios de noticias en línea, ya sea de los principales medios de todo el mundo, como de radios, canales de televisión y agencias de noticias, incluyen, también, sus propios buscadores. En muchos casos este acceso es gratuito, y en otros, restringido a suscriptores.

La buena noticia es que, por lo general, la aparición de noticias en Internet, es muy probablemente replicada por otros medios que podrían ser de acceso gratuito. De forma tal que usted accederá a la información que está siguiendo.

Los usuarios particulares pueden utilizar una herramienta de búsqueda de Google, sumamente efectiva, denominada "Alertas". Los alertas son configuraciones de palabras clave que usted desea seguir, y que ese gigantesco motor de búsqueda y de recursos de Internet le entregará en la frecuencia y forma que usted indique.

Entrando en la barra de navegación principal del portal de Google, en cualquier idioma, encontrará la palabra "Más" y, dentro de ésta, en un menú contextual, otra frase que dice "Todavía más" Allí está el servicio de "Alertas".

Los alertas rastrean por usted las frases que ha indicado desde una sencilla configuración inicial. Al tratarse de parámetros lógicos y robotizados de búsqueda entre todos los sitios de noticias, foros, blogs, redes sociales y websites colgados y catalogados en Internet y rastreados por esa compañía, es aconsejable que utilice frases ajustadas de acuerdo a los resultados que desea recibir.

Por ejemplo, si coloca, entre comillas, la palabra "fútbol" recibirá toneladas de informaciones no necesariamente relacionadas con su necesidad. Sin embargo, si restringe la búsqueda, escribiendo "fútbol amateur" y el nombre de su equipo favorito, o una persona, una marca, un producto, o la competencia, recibirá resultados más ajustados.

El buscador le da también la oportunidad de seleccionar de qué forma quiere recibir los seguimientos que detecta: puede tenerlos en forma de links simples, o de un pequeño link con dos o tres líneas de texto extraídas de la noticia encontrada -lo cual le sirve como referencia sobre la precisión de lo que está analizando-; el nombre del medio; el link al portal principal del medjo etcétera.

Asimismo, podra seguir noticias en determinado país o región, y recibir solo aquellas reflejadas en medios periodísticos o una combinación de medios mas blogs mas foros mas cualquier otra participación en la web que coincida con el criterio que ha marcado.

Otro servicio disponible es el que se denomina "tiempo real" y que es especifico y muy apropiado para el seguimiento de blogs, foros y redes sociales de distinto tiempo. Así, si un usuario hace un comentario acerca de su marca, rápidamente usted puede recibir un e-mail como aviso, analizar la información y establecer la estrategia apropiada

Los servicios vía Internet para monitoreo son sumamente útiles para cualquier seguimiento que desee realizar, incluyendo sus hobbies y temas de interés particular. Si bien permanentemente están realizando ajustes y mejoras, es una buena fuente de monitoreo de campañas de difusión, y de apariciones y menciones de marcas, productos y servicios.

La excelencia es el arte de triunfar mediante el aprendizaje y la perseverancia.No actuamos correctamente por tener virtudes sino que las adquirimos cuando actuamos correctamente. Somos lo que hacemos. La excelencia, pues, no es una acción sino un habito.

Aristóteles

» CÓMO PROCESAR
LOS DATOS MONITOREADOS

Dependiendo del proyecto, tanto los recortes de prensa en formato tradicional en papel, como lo que detecte en Internet, y también las apariciones en radio y televisión, pueden ser volcados en un soporte de almacenamiento, como un pen-drive, entre muchos otros dispositivos que existen y que evolucionan permanentemente.

Las imágenes de recortes de medios gráficos deberán ser escaneadas en buena resolución, de forma tal de permitir su correcta visualización e identificación con sus nombres de archivos escritos en forma clara y descriptiva, como hemos visto en este libro.

Otra forma de procesar toda la información es diseñar un website específico donde se suban diariamente los artículos aparecidos. Esto permite ahorrar tiempo, espacio físico, y a la vez, con disparar un link vía e-mail invitado a conectarse, una gran cantidad de usuarios accederán desde todo el mundo, rápidamente, al monitoreo que está realizando. También ellos podrán guardar y compartir archivos, bajarlos a

sus propias computadoras, imprimirlos, exportarlos a otros formatos, y un sinfín de recursos adicionales.

Sin embargo, hay otras acciones de prensa que no pueden ser reflejadas a través de un recorte. Es el caso de las participaciones en radio y televisión, que conviene reseñar a través de un listado que especifique el nombre del programa, de la emisora, la duración de cada mención y alguna característica saliente, por ejemplo, si se trató de un programa dedicado exclusivamente al tema de la campaña, una entrevista, un comentario o la lectura de una gacetilla. También puede encargarse de grabar dichas notas, e incluirlas en el reporte; o contratar empresas especializadas que realizan éstas y otras tareas.

Es aconsejable que especifique en el reporte todas las tareas realizadas complementariamente, por ejemplo, la organización de una conferencia de prensa, entrenamiento de un ejecutivo para mejorar su manejo ante los medios, distintos tipos de canjes -entradas a espectáculos, bienes o servicios- a cambio de difusión, acuerdos con medios, acciones cruzadas con otras marcas, o el abastecimiento de informaciones y contenidos para el website institucional del cliente.

De manera elegante y sutil, también conviene reseñar las notas y otras acciones de prensa que no pudieron realizarse por motivos ajenos al responsable de prensa. De este modo, al surgir algún reclamo dentro de la empresa, eso se convertirá en un instrumento más para que usted pueda defender su trabajo como responsable de prensa.

» CÓMO MEDIR LOS RESULTADOS

Aunque no es lo más frecuente, en la empresa pueden requerir que se le traduzcan los resultados de una campaña de prensa a los valores publicitarios de los medios. Por caso, esto suelen requerirlo algunas empresas multinacionales que están obligadas a presentar reportes a sus casas matrices.

Aunque se trate de casos aislados, conviene saber que esto se hace contabilizando la cantidad de centímetros por columna obtenidos en gráfica y de segundos conseguidos en radio y televisión, a los cuales luego se les aplica el valor publicitario correspondiente a la página o sección de cada publicación o al segmento horario de cada emisora.

La experiencia indica, sin embargo, que este tipo de reportes, además de lo engorroso de su realización, no refleja cabalmente la realidad: las tarifas publicitarias no son la mejor medida para valorizar los espacios de noticias obtenidos como contenido periodístico. Aún más: la percepción que hacen los lectores de estos espacios pagos, no es la misma que frente a las notas.

» CÓMO ORDENAR LA INFORMACIÓN

Lo más común es agrupar el reporte por tipo de medios en orden cronológico, aunque también se lo puede hacer por publicaciones o períodos. Y en todos los casos, conviene separarlo con carátulas o títulos.

Puede preparar, también, el informe en un soporte con un programa de presentaciones, como el PowerPoint, o convertirlo luego a pdf, que pesará mucho menos y es más práctico para ser enviado por correo electrónico.

En general, el reporte se presenta al final de la campaña, aunque si se trata de un trabajo que consta de varias etapas o que por la temática uno intuye que puede tener gran repercusión, se pueden hacer reportes parciales, que, según el caso se entregan diariamente o por semana. En el caso de los recortes en papel, el original siempre son para el máximo representante de la empresa (el dueño o el gerente del área respectiva) y el responsable de prensa debe archivar una copia.

Junto a esta copia también conviene conservar todo el material de prensa que se utilizó: gacetilla, press-kit, fotos, videos y cualquier otro material durante un tiempo prudencial, como testimonio del trabajo realizado.

» SEGUIMIENTOS EN SITUACIONES DE CRISIS

El manejo de crisis en una empresa puede estar determinado por ciertos hechos que, potencialmente, repercuten en forma negativa, y afectan en alguna forma la reputación.

Tomando como válido aquel dicho popular que dice "Construir una imagen fuerte lleva años, y destruirla sólo un segundo" una situación de crisis es uno de los momentos donde más se requiere un manejo profesional, para achicar el margen de error y disponer a la vez de las herramientas apropiadas para atravesar la tormenta sin mayores consecuencias.

El éxito es en gran parte el producto de elevar constantemente el nivel de nuestras aspiraciones y el de nuestras expectativas.

Jack Nicklaus
Golfista estadounidense

Además de la conformación de un comité de crisis, que será el que evaluará y tomará las decisiones estratégicas, el responsable de prensa y comunicación cumple un rol esencial. De allí que es relevante que la dirección de la empresa integre a este responsable dentro del comité, y escuchen su visión y aportes con la misma atención que lo hacen, usualmente, con los abogados, expertos financieros y otros especialistas.

El monitoreo de medios en tiempo de crisis es esencial. Y la velocidad de respuesta es estratégica. Porque la ventaja competitiva de saber qué se está diciendo, cuándo y cómo, ofrece muchas alternativas de encauzar la comunicación desde la empresa, aun en medio del vendaval mediático.

La era digital: nuevos medios, web 2.0 y redes sociales

Los nuevos medios hoy conviven con los tradicionales, pero se irán imponiendo. No se estanque, busque profesionales que lo asesoren.

El surgimiento y la expansión vertiginosa de Internet representan, sin dudas, una de las transformaciones históricas más profundas en nuestra forma de comunicarnos. Esto, como no podría ser de otra manera, impacta fuertemente en este tipo de trabajo.

Dejando de lado las herramientas aplicables al trabajo del responsable de prensa, que ya hemos visto en capítulos anteriores de este libro, nos centraremos en otro aspecto que deriva de la gigante y poderosa Internet: los nuevos medios y la web 2.0.

En un comienzo hubo algunas reticencias y desconfianzas sobre lo que significaba Internet y sobre lo que podía aportar como nuevo canal de comunicación. Se trataba del resquemor propio que produce todo aquello que es nuevo y desconocemos.

Pero finalmente Internet, como un gran tsunami digital, pasó por encima de todas las barreras de desconfianza que fueron levantadas ante su advenimiento. Los multimedios, aun los más conservadores, se han rendido ante tan evidente y arrollador impulso y han adoptado a la web como una aliada o, inclusive, como eje central de sus negocios.

» DE LA VERTICAL A LA RED

Todos aquellos medios a los cuales Internet supuestamente amenazaba, fueron arrollados por la ola gigante, pero hoy surfean sobre ella e incluso avanzan junto a ella. Por eso actualmente es posible leer el diario en Internet, escuchar la radio en Internet y ver la televisión por Internet. Y no sólo eso, la realidad muestra que no son únicamente los medios los que participan de este inmenso océano de comunicación, sino que cada usuario puede aportar su gotita para alimentarlo, en lo que se conoce como "nuevos medios" y "web 2.0".

Sin embargo, para entender el cambio que representan los nuevos medios y las plataformas 2.0 debemos recordar los que Internet nació como un medio de corte vertical, en el cual los generadores de contenido lo enviaban, lo "subían" o lo mostraban mientras que del otro lado, los lectores o el público en general debían guardar una actitud pasiva, sin interrelación o respuesta posible.

Pero rápidamente la velocidad de la innovación tecnológica comenzó a erosionar el esquema vertical de Internet, permitiendo cada vez más la participación de los antes pasivos espectadores, que ahora disponen de las herramientas tecnológicas necesarias para transformarse en protagonistas de la comunicación en la web, compartiendo textos, fotos, audios, videos, links e información.

» CÓMO COMUNICAR
MEDIANTE LOS NUEVOS MEDIOS

Internet y los continuos avances tecnológicos relacionados con ella dieron paso a lo que hoy se conoce como "medios online" un conjunto de servicios y aplicaciones que permiten que el usuario interactúe con el propio medio o con otros usuarios, lo que significa una gran diferencia en comparación con los medios impresos tradicionales. En definitiva, la era de los medios masivos está dando paso a una nueva etapa, dominada por medios más personalizados, más interactivos, que transforman y seguirán transformando intensamente la industria de la información y, cómo negarlo, también a la sociedad.

Los nuevos medios están conviviendo con los medios tradicionales, pero la sensación es que tarde o temprano la versión digital se irá imponiendo por sobre los históricos. Es por esta razón que resulta de vital importancia que puedan "reinventarse" en un nuevo modelo, algo que algunos de los medios más importantes a nivel global ya están implementando. Esto no significa que los medios impresos en papel vayan a desaparecer, pero es muy probable que pierdan su hegemonía editorial y publicitaria. Es así que a los nuevos medios, gracias al soporte digital, se les abren infinitas posibilidades, que a los medios "físicos" les están vedadas.

» PRINCIPALES VENTAJAS DE LA COMUNICACIÓN DIGITAL

- La posibilidad de actualización de los medios digitales
- Los nuevos medios mantienen informado al lector minuto a minuto, lo que hace que el contenido de los matutinos sea una antigüedad al mediodía.
- Otro punto importante es la posibilidad de llegar a distintos públicos con un costo de distribución muy inferior al soporte de papel.
- Las capacidades de compartir una noticia, una foto, un vídeo o un audio a través del simple envío de un mail es otra de las ventajas, lo mismo que la disponibilidad de diversos soportes, desde la pc, pasando por la netbook hasta los teléfonos móviles.
- Y, fundamentalmente, todos estos dispositivos disponen de teclados que representan, ni más ni menos, la posibilidad en la mano de responder, opinar, participar e interactuar frente a la información que se tiene enfrente.

El efecto de lo digital en las noticias y los medios está a la vista de todos. Basta con entrar a la página web de cualquiera de los tradicionales diarios impresos para ver la cantidad de recursos digitales en el uso de nuevos formatos, la cantidad de noticias que presentan un análisis en formato multimedia, con fotos, infografías interactivas y videos. Y no sólo esto es la novedad; buena parte de estos contenidos digitales son realizados por los propios lectores, que aportan material que ellos mismos captan a través de sus dispositivos digitales, como cámaras y celulares.

Esto, además de permitir un intercambio comunicativo entre el lector y el medio, produce un efecto de espontaneidad de las noticias, que transforman a los medios digitales en verdaderos medios de comunicación. Y no sólo eso, debe tenerse en cuenta que en este nuevo escenario el usuario tiene un nuevo protagonismo que origina lo que podemos llamar periodismo ciudadano, caracterizado por la instantaneidad de las noticias y la cobertura en lugares donde los medios no pueden llegar.

Y frente a todo esto, además, existen nuevos medios creados directamente por los usuarios; medios impulsados, desarrollados, mantenidos y modificados sin ninguna relación con empresas de medios, que desarrollan redes sociales, foros de intercambio y blogs donde la información circula sin una fuente única y bien definida de emisión, lo que resulta verdaderamente un cambio histórico y radical.

» ¿QUÉ SON LA WEB 2.0 Y LAS REDES SOCIALES?

Existen algunas divergencias en cuanto a qué significa certeramente el término "web 2.0". Incluso hay algún desacuerdo sobre quién fue el primero en utilizar el término y en referencia de qué hecho lo pronunció.

De todas maneras, para los fines de este libro y de este trabajo en particular, estos debates no son lo más importante. Lo que realmente importa, en definitiva, es el concepto; es decir, saber de qué hablamos cuando hablamos de web 2.0.

Y para entender de qué hablamos cuando decimos web 2.0 tal vez lo mejor sea volver atrás, remontarnos a los orígenes de las primeras páginas web y bucear en sus características, para luego ir acompañando la evolución paulatina que trajo como resultado a la web 2.0. A través de ese ejercicio "arqueológico" de la comunicación en la web encontraremos algunos ciclos bien marcados, que podemos clasificar de la siguiente manera:

Web 1.0: Eran páginas estáticas HTML que no eran actualizadas frecuentemente, más parecidas a un cartel fijo que a un mensaje dinámico. Estas páginas eran desarrolladas para dar un mensaje unidireccional al usuario, sin que éste pudiera responder o interactuar más allá de las aplicaciones básicas, como enviarle un e-mail.

Web 1.5: De la mano del "boom de las punto-com" aparecieron sitios que mostraban una mayor dinámica, en los cuales los sistemas de gestión de contenidos (CMS por sus siglas en inglés) servían páginas HTML creadas desde una base de datos. La estética comenzó a tomar mayor importancia, y conseguir un buen número de visitas era el factor que más pesaba.

Web 2.0 : En este tipo de páginas web se caracteriza la interacción de los usuarios,a través de la posibilidad de añadir contenidos, colocar opiniones, contar experienciass, comentar noticias, etcétera. El usuario que ingresa a estos sitios no sólo está interesado en esa página, sino que   ingresa a un lugar de encuentro con otros usuarios.

Para este libro no nos interesa ahondar en los detalles tecnológicos que se esconden por detrás de la web 2.0 o superiores, porque sería enredarse en un inmenso mundo de software, aplicaciones, códigos, herramientas web, servidores y protocoles que no terminaría nunca. Pero lo que nos interesa es conocer cuáles son los principales tipos de páginas que podemos encontrar en este mundo 2.0. Allí veremos que se destacan dos herramientas bien definidos: los Blogs y las Redes Sociales.

» BLOGS, BLOGS Y MÁS BLOGS

Los blogs surgieron como canal de comunicación personal, donde el usuario podía "comunicar" lo que deseara a través de un espacio gratuito en Internet. Las actualizaciones de la información contenida en el blog siguen un orden cronológico y la periodicidad depende de su autor.

Los blogs llamaron la atención desde su surgimiento, pues se caracterizaban por ser medios más frescos en su lenguaje, más directos y espontáneos, y donde se vierten las opiniones más crudas o polémicas sin censura. Su instantaneidad y su tendencia hacia el tratamiento de cosas cotidianas que no son tratadas por los medios también les aportan una buena cuota de interés.

En el mundo de tegnologías interactivas, de nuevos modelos de negocios en red de cambios de actitud frente al trabajo y a la autoridad, el management efectivo requiere un acercamiento radicalmente diferente a la comunicación.

Mary Boone
Galerista neoyorkina

Los blogs están muy relacionados también con la participación ciudadana, y en la actualidad quienes los escriben, -llamados bloggers-, pasaron a ser, en muchos casos, "líderes de opinión" que tienen seguidores fieles o tenaces oponentes, pero que no pasan desapercibidos.

Por eso, no es extraño que los bloggers sean contratados por grandes medios, para darles un espacio en sus páginas. Inclusive los blogs han tenido tanto éxito en su estilo de mensaje, que actualmente es un instrumento muy utilizado por las empresas, con el objetivo de que su mensaje corporativo pueda llegar a sus clientes o posibles clientes de una manera más fresca y amigable.

» CÓMO APROVECHAR LAS VENTAJAS DE LOS BLOGS

Una de las grandes ventajas que poseen los blogs es que el usuario no necesita tener grandes conocimientos de informática, y poseen además una gestión simple, lo que hace de este nuevo medio un canal muy utilizado. En síntesis, el blog es un medio que:

- Es fácil de usar
- Presenta los contenidos cronológicamente
- Mantiene una periodicidad que depende de su autor
- Se caracteriza por ser informal

Medios Tradicionales vs. Nuevos Medios	
Mirar Leer Escuchar	Crear Participar Interactuar

Los nuevos medios cambian el modelo de comunicación impulsado desde los medios tradicionales como la televisión abierta, los diarios en papel, las radios en AM y FM, y las revistas. Es la evolución de la comunicación humana.

Más que mirar, leer, escuchar, hoy, con el auge de la tecnología, los usuarios crean, participan e interactúan con los medios; con los periodistas; con las empresas y marcas, incluyendo opiniones sobre sus productos, y haciendo relevantes sus opiniones en términos de reputación.

También interactúan entre ellos, como voceros de sus experiencias, expectativas y visiones. Por lo que hemos pasado de un esquema de comunicación centralizado (donde el medio seleccionaba y emitía los mensajes, casi unidireccionalmente), a la era digital donde la comunicación es en red, y donde las noticias y mensajes han sido descentralizados; tienen mayor fluidez y dinamismo; y una velocidad de propagación nunca antes vista.

El mismo proceso viven todas las empresas, sin importar su rubro o dimensión.

Por eso, al igual que los medios tradicionales, necesitan interactuar y expandirse hacia el formato digital, en un proceso permanente por acercarse a los usuarios, escucharlos, hablarles, e identificar sus intereses y anhelos, para poder satisfacerlos ofreciéndoles contenidos de interés y cada vez más segmentados.

Los medios sociales, por lo tanto, permiten la divulgación de mensajes utilizando palabras, audio, videos, fotos y millones de aplicaciones y recursos; y son los propios usuarios los que pueden elegir compartir contenidos, ideas y opiniones con otros.

Esta interacción crea nuevas actitudes y acciones entre los consumidores de medios, por lo que el rol de los responsables de comunicación de las empresas es cada vez más preponderante y profesional.

Para reflexionar:

¿Está su empresa lista para este nuevo modelo? ¿Trabaja con profesionales de la comunicación? ¿Considera al área como estratégica en su plan de negocios? ¿Está abierto a lo nuevo? ¿Qué hace su competencia que usted no se anima a explorar? ¿Piensa que esto afecta directamente su negocio?

» CÓMO TRABAJAR LA DIFUSIÓN EN REDES SOCIALES

En esencia, las redes sociales son sitios web que permiten al usuario mostrar información personal a un grupo de amigos o contactos que, a su vez, está conectado con otros amigos y contactos que van ampliando el esquema como si se tratase de una comunidad. Quienes compartan la misma red pueden ver los contenidos de cada uno de sus integrantes y al mismo tiempo aportar contenido.

Las redes sociales se caracterizan por disponer de aplicaciones y herramientas de comunicación que permite a sus usuarios compartir fotos, agregar comentarios, opinar sobre determinada información, añadir y compartir audios y videos, etcétera.

Para la fecha de aparición de este libro (mediados de 2011), algunas de las redes sociales más importantes y populares, y que han hecho historia por su gran impacto, son:

Facebook: Red más informal que profesional, que comenzó como un libro de egresados y superó decenas de millones de usuarios en todo el mundo, siendo que más de un 10% de ellos se encuentran en América Latina.

Twitter: es una plataforma gratuita de microblogging, es decir, que permite a los usuarios subir microentradas basadas en texto de hasta 280 caracteres (desde 2017) denominados "tweets". También puede subirse otros contenidos, como imágenes. Está muy asociado a la inmediatez. Es muy utilizado por los usuarios para contar lo que están haciendo en el momento o comentar brevemente una noticia de último momento o algún suceso del que han participado o se han enterado. La comunidad de "twiteros" ha crecido permanentemente y la relación es mantenida a través de "seguidores" que pueden ver cuáles tweets realiza el usuario a quien están siguiendo, e interactuar con él.

My Space: Es una de las principales redes sociales con más de 250 millones de usuarios en todo el mundo. Sus comienzos están marcados por la música como eje principal.

LinkedIn: Es una red social de uso prioritariamente profesional, donde puede colocarse toda la información laboral, transformando su usuario de LinkedIn en un curriculum vitae online. Si bien nació en Estados Unidos, tuvo un notable crecimiento y fue extendiéndose al resto del mundo, y actualmente es muy utilizada por las empresas como herramienta de búsqueda de profesionales.

YouTube: Se trata del sitio web para subir, bajar, ver y compartir vídeos, más utilizado en la actualidad. Allí uno puede encontrar videos personales, películas, capítulos de series antiguas, noticias, videos de publicidad, etcétera.

Flickr: Es un sitio web para compartir imágenes, que también es muy usado como soporte online de contenidos, una especie de servidor personal de fotografías muy usado por bloggers y que cada vez es más usado por empresas. Para fines de 2010 Flickr albergaba más de 2.500 millones de imágenes.

Podcast: Es una especie de blog hablado. Consiste en la elaboración de archivos de audio (los formatos más usados son Mp3 o AAC) y de video para su distribución. Funciona a través de un programa que lo descarga de Internet para que el usuario lo escuche en el momento que quiera. Es muy utilizado para los reproductores portátiles.

Las redes sociales han mostrado un crecimiento muy importante en el último tiempo y, al igual que Internet, van mutando, transformándose, creciendo o surgiendo a una velocidad asombrosa.

Lo cierto es que los nuevos medios y las redes sociales dieron lugar a un nuevo paradigma de comunicación. No por nada la revista Time, una de las más importantes a nivel mundial, eligió al usuario de Internet como "Personaje del año" a fines de 2006. Pero esto es apenas un comienzo, estamos en medio del proceso de cambio, de la transformación.

Las redes sociales evolucionan permanentemente según las culturas y países. A 2018 dos de las más utilizadas son Instagram y Snapchat.

Glosario

ACCIONES DE PRENSA: Conjunto de tareas de un agente ante los medios, para lograr los objetivos trazados al momento de diseñar una campaña.

ACCESS: programa informático que brinda herramientas versátiles para el armado de bases de datos.

ACREDITACIÓN: metodología que permite organizar anticipadamente la asistencia de los medios a una presentación, lanzamiento o estreno de gran repercusión y para el cual existen limitaciones en cuanto a espacio. Se la instrumenta a través de una tarjeta identificatoria que el acreditado recibe en su lugar de trabajo, luego de confirmar su presencia o que retira cuando llega al lugar del evento. No sólo incluye a periodistas, sino a reporteros gráficos, a fin de facilitar su movilidad en zonas restringidas al resto de la concurrencia.

AGENDA: En la jerga periodística, temas de actualidad a tratar en un medio gráfico o programa de radio o televisión.

AGENTE DE PRENSA: persona especializada en el diseño de estrategias para que un tema, producto, servicio o actividad tenga difusión en los medios en forma de contenido periodístico. Debe ser un hábil comunicador, creativo, proactivo, tener un alto nivel cultural y contar con dotes de relacionista público.

ANTICIPO: algo dicho con adelantamiento. En nuestra actividad, información que se brinda anticipadamente a los medios por su impronta imperativa y que luego será ampliada a través de una gacetilla de prensa.

ANTIVIRUS: programa informático que combate los virus electrónicos que circulan en Internet.

ARCHIVO ADJUNTO: en inglés, "attach". Envío de un correo electrónico que contiene, por separado, un archivo con determinado contenido, como textos, gráficos, fotos, etc.

ASUNTO: en inglés, "subject". Encabezado de un mail, donde se especifica su temática.

AVANT-PREMIÉRE: en español significa la "función previa" al estreno de una película, destinada a invitados especiales y/o famosos.

AVISO: en la jerga publicitaria, pieza ideada por un creativo de esa área, para promocionar un tema, producto, servicio o actividad.

BACKGROUND: en español, bagaje informativo respecto de uno o varios temas, que se adquiere en base a estudios y/o inquietudes personales.

BACK UP: copia de seguridad para prevenir pérdidas de información acumulada en una computadora.

BAJADA: texto que va debajo del título de una nota periodística o gacetilla de prensa que aporta datos complementarios al título y que consta, como máximo, de tres oraciones breves. En la jerga periodística, también se lo conoce como copete.

BANNER: en español, cartel o afiche, usualmente de vinllo o plástico, con imágenes, logotipos o distintas referencias directas sobre un producto o servicio. En la tarea de responsable de prensa, se lo utiliza para ornamentar eventos o como fondo del estrado donde hablará un orador ante los medios. Permite ser fotografiado o registrado por las cámaras de televisión, multiplicando la difusión de la marca, más allá del mensaje del orador.

BASE DE DATOS: en el trabajo de prensa, información que debe poseer un agente de prensa para contactar a los medios y periodistas que trabajan en ellos, como direcciones, códigos postales, teléfonos, e-mails, etc.

BRAINSTORMING: en español, tormenta de ideas. Proceso creativo mediante el cual un grupo de profesionales deja libre su imaginación, para buscar alternativas diferentes o poco convencionales, para idear mensajes que impacten en el público.

BETACAM: formato electrónico de registro de imágenes en video utilizado por estaciones profesionales de televisión. También hay otros sistemas digitales de mayor calidad.

BRIEF: en español, breve. Resumen de los conceptos más relevantes que se desea comunicar a través de una campaña de prensa, para comenzar el desarrollo de una estrategia, a fin de conseguir los objetivos deseados.

CATERING: en español, servicio de gastronomía. En nuestra actividad, se ofrece como complemento a una acción de relaciones públicas, evento, celebración o reunión.

CLIPPING: de "clip" (broche, sujetador). En nuestra profesión, reporte de acciones que se presenta al cliente al finalizar una campaña de prensa. Consiste generalmente en la muestra de los artículos aparecidos en los medios gráficos, videos con apariciones en televisión, televisión, soportes digitales con entrevistas radiales, copia de la cobertura del tema divulgadas a través de agencias de noticias, links (vínculos) con páginas de Internet que hablan sobre el tema, etc. Puede ser entregado en papel o en formato digital, mediante escaneos de imágenes y digitalización de audio y video.

CABEZA: primer párrafo de un texto periodístico de carácter informativo. Se caracteriza por dar respuesta al qué, quién, dónde, cuándo y cómo, datos básicos para poder comunicar cualquier hecho noticioso.

CABLE: texto periodístico generado por las agencias de noticias y que reciben otros medios (diarios, revistas de actualidad, informativos de radio y TV) suscriptos a sus servicios.

CAMPAÑA: en nuestro trabajo, conjunto de acciones de prensa para lograr la difusión de un tema, producto, servicio o actividad en los medios.

CARPETA DE PRENSA: sinónimo de clipping, pero que sólo incluye las notas o menciones aparecidas en medios gráficos, paginas de Internet y agencias de noticias.

CD ROM: Compact-disc que tiene un diseño interactivo, donde el usuario puede acceder a distintas funciones y prestaciones. Prácticamente en desuso (2018).

CIERRE: hora o día límite en el que los periodistas que trabajan en un diario o una revista deben terminar sus artículos para mandara imprimir.

CIRCUITO OFF: conjunto de espectáculos (de teatro, música, danza y cine) que se halla fuera del circuito comercial y que, por lo general, ofrece propuestas alternativas o experimentales.

CIRCULACIÓN: cantidad de ejemplares netos vendidos de diarios y revistas, luego de calcular la tirada original menos las devoluciones.

COLABORADOR: en la jerga periodística, periodista o profesional en otra disciplina con o sin relación de dependencia que colabora con un medio, sin trabajar en la redacción de modo permanente.

COMPETENCIA: en la jerga del marketing, contendiente en pos de un mismo objetivo. Los hay directos (que se disputan exactamente el mismo mercado) e indirectos (que se disputan parte de un mismo mercado).

COMUNICACIÓN: proceso mediante el cual el emisor de un mensaje contacta a su receptor.

COMUNICACIÓN MASIVA: contacto del emisor con grandes grupos de público receptor, a través de una estrategia de medios de gran alcance.

COMUNICACIÓN RESTRINGIDA: contacto del emisor con audiencias determinadas, seleccionándolas de acuerdo a diversos criterios, horarios para la emisión de mensajes, diferentes secciones en los medios, etc. También se la conoce como comunicación selectiva.

COMUNICADO DE PRENSA: escrito sobre un tema, producto, servicio o actividad que un agente de prensa envía a los medios para su difusión. Se diferencia de la gacetilla por su impronta imperativa; es decir, por la necesidad de que su contenido sea publicado con urgencia. Suele incluir declaraciones textuales.

CONDUCTOR: en la jerga periodística, persona que conduce un programa de radio o televisión.

CONFERENCIA DE PRENSA: convocatoria masiva de un agente de prensa a los medios, para difundir un hecho de interés público y donde el o los oradores responden las requisitorias periodísticas.

CONFIDENCIAL: algo dicho bajo condiciones de estricta confidencialidad; es decir, que sólo se puede difundir sin mencionar la fuente.

CONTACTO: en nuestra actividad, periodista con el que el agente de prensa tiene una fluida relación profesional.

CONTENIDOS: en nuestra profesión, generación de notas en los medios sobre un tema, producto, servicio o actividad.

CONVOCATORIA: en nuestro trabajo, citación a periodistas y/o invitados especiales, para que asistan a una conferencia, ronda o rueda de prensa, estreno o evento.

COPETE: sinónimo de bajada.

CREATIVO PUBLICITARIO: especialista en producir ideas en tiempo y forma, para atraer compradores.

CURRICULUM VITAE: en español, currículo, antecedentes. Conjunto de estudios y trabajos de una persona.

DELEGAR: dar a otro la autoridad o jurisdicción del oficio propio, para ser reemplazado por él.

DIAGNÓSTICO: en nuestra actividad, conjunto de datos con los cuales un agente de prensa determinada si un tema, producto, servicio o actividad es factible de ser abordado mediante una campaña.

DIFERENCIAL: en nuestra profesión, distinción por la cual una noticia a divulgar en los medios tiene determinado atributo exclusivo, que lo hace diferente a los demás.

DIRECTOR: en la jerga periodística, máxima autoridad de un medio. En las grandes empresas, hay uno para el área ejecutiva, otro para la comercial, uno para la de circulación y otro para el área editorial o periodística propiamente dicha.

DISCO RÍGIDO: dispositivo informático de acceso directo, destinado a almacenar información.

EDITOR: en la jerga periodística, responsable de la edición final de las notas, del que dependen los redactores. En las grandes empresas, hay un editor general y uno por cada sección.

E-MAIL: término usual para referirse a los correos electrónicos que se envían a través de Internet, utilizando la World Wide Web (www). Permite distribuir textos e imágenes a gran cantidad de destinatarios al mismo tiempo a muy bajo costo.

ENFOQUE: en la jerga periodística, mirada singular o forma particular de abordar un tema para diferenciarse del tratamiento que le dieron o que puedan darle otros medios. En nuestro trabajo, exploración de las distintas vetas periodísticas respecto de un mismo tema, a fin de potenciar su aparición en los medios.

EPÍGRAFE: oración que va debajo o al costado de una imagen y que aporta información sobre ella.

ESCÁNDALO: en la jerga periodística, recurso efectista y sensacionalista para llamar la atención de los medios.

ESTRATEGIA: en nuestra actividad, arte de dirigir operaciones para una campaña de prensa.

EVENTO: acontecimiento, suceso eventual; es decir, incierto o inseguro. Por deformación, también se lo usa en el ámbito las relaciones públicas para denominar a un encuentro ya previsto con anterioridad.

EXCEL: Programa informático que permite realizar planillas de cálculos matemáticos, organizar información, crear bases de datos, etcétera

EXCLUSIVA: en nuestra profesión, noticia o nota dada a un único medio de gran circulación. En general, conlleva una contraprestación, que suele ser un amplio despliegue del tema tratado.

FILTRO: en nuestro trabajo, rol que a veces debe cumplir un agente de prensa, para evitar que los medios accedan a su representado.

FREE-LANCE: en español, persona que trabaja por su cuenta, sin relación de dependencia.

FUENTE: persona o hecho que le aporta información a un periodista, las hay oficiales (que se pueden mencionar con nombre y apellido) y extraoficiales (sólo puede divulgarse la información, pero no quién lo dijo).

FULL-TIME: dedicación total y exclusiva al desarrollo de un trabajo. Su antónimo es part-time (tiempo parcial).

GACETILLA: escrito sobre un tema, producto, servicio o actividad que un agente de prensa envía a los medios para su difusión. Consta de un título (puede ir acompañado de una volanta y una bajada) y su correspondiente texto. En el primer pa'rrafo o cabeza se informa el qué, quién, dónde y cua'ndo. Los siguientes párrafos están destinados al cómo, por qué y para qué. Además, al final, se debe incluir los datos del responsable de prensa, para ser contactado en caso necesario.

GACETILLERO: expresión reduccionista para nombrar al agente de prensa.

IDENTIDAD: la jerga del marketing, sucesión de acciones que, sostenidas en el tiempo, permiten que todos los aspectos de una marca sean coherentes y coincidentes.

INFORMACIÓN DE PRENSA: en muchos países, sinónimo de gacetilla de prensa.

INTANGIBLE: algo que no se puede tocar. En nuestra actividad, instancias preliminares de una campaña de prensa en las que aún no es posible mostrar resultados.

INTERNET: sistema internacional de redes de computadoras que, operado a nivel mundial, permite que los usuarios de ellas se comuniquen entre sí, intercambiando información y proporcionando motores de búsqueda, entre muchas otras aplicaciones.

INTRANET: sistema Informático que permite la comunicación interna entre los usuarios de computadoras de una misma empresa.

INVESTIGACIÓN DE MERCADO: conjunto de herramientas que provee información estratégica sobre los consumidores, mediante el cual pueden orientarse acciones de comunicación como las relaciones públicas, el marketing, la publicidad y las campañas de prensa. Frecuentemente, los agentes de prensa suelen convertir los resultados de estas investigaciones en contenidos periodísticos de interés para los medios.

JERARQUIZAR: organizar algo jerárquicamente; es decir, según su importancia. En nuestra profesión, organizar la información en una gacetilla acorde a la Importancia de los datos.

JEFE DE REDACCIÓN: en la jerga periodística, segunda autoridad en la escala jerárquica de un medio. De él dependen el editor general, los editores de sección, los redactores y colaboradores.

JINGLE: canción que acompaña un anuncio o aviso publicitario.

JUNKETS: en la jerga del showbussines, rueda de notas. Sucesión de entrevistas periodísticas individuales y más bien breves, destinada a los grandes medios.

LANZAMIENTO: presentación en público de un nuevo producto, servicio o actividad.

LOBBY: grupo de personas con influencia, que presiona en asuntos políticos o de otra índole.

LOGÍSTICA: En nuestro trabajo, grupo de trabajo a cargo del área administrativa. Incluye la impresión, ensobrado, etiquetado y distribución de distintos materiales de prensa.

LOGO: o logotipo. Sigla o dibujo que se utiliza para identificar una marca, producto, empresa, evento, etc.

MAILING: grupo de destinatarios a los que se envía información por medio de un correo electrónico.

MANAGEMENT: en español, dirección, administración, gestión.

MANAGER: en español, jefe, gerente, administrador.

MARCA: que, para los consumidores, tiene un valor agregado. Muchos confunden este término con el producto, pero éste es apenas una parte del proceso de desarrollo de una marca. La marca, entonces, incluye al producto, más la sumatoria de recursos como la publicidad, la promoción, las relaciones públicas y las campañas de prensa.

MARKETING: disciplina que combina distintas herramientas de publicidad, promoción, relaciones públicas y ventas, para dar valor a las marcas ante la percepción del consumidor.

MEDIÁTICO: algo o alguien con cualidades para ser difundido en los medios. También suele usárselo con una connotación peyorativa en el caso de las personas con un afán de figuración desmedido.

MEDIA TRAINING: curso específico dictado por profesionales en comunicación e imagen, para entrenar a posibles voceros en su manejo ante los medios.

MEDIO: organización periodística dedicada a difundir información y proporcionar contenidos de distinto tipo, dirigidos al público. Entre los más conocidos se encuentran la radio, la televisión, los diarios, las revistas y las páginas de Internet.

MEDIO LOCAL: organización periodística que brinda sus servicios dentro de un área restringida, generalmente, basa sus contenidos en temas de interés para su comunidad de origen.

MEDIO MASIVO: organización periodística de alcance e interés nacional.

MERCADO: conjunto de destinatarios de un mensaje, ya sean usuarios actuales o potenciales de diversos productos, servicios o noticias de interés.

MERCHANDISING: recurso del marketing que se aplica para suministrar distintos elementos a los destinatarios de una campaña con el objetivo de promover una mayor recordación de marcas, productos y servicios. Entre los elementos más usuales figuran las gorras, t-shirts, lapiceras, artículos de papelería con diseños exclusivos, pads para mouses de computadoras, etc.

MESETA: en nuestra profesión, estadio o momento de una campaña de prensa en el que, pese a los esfuerzos del agente, no se producen grandes movimientos.

MICROSOFT WORD: Programa informático que permite utilizar varias herramientas como procesador de texto, crear carteles, diseñar etiquetas y personalizar correspondencia, entre otras prestaciones.

MENCIÓN: en nuestra actividad, repercusión de una campaña de prensa en los medios que no llega a la categoría de nota. Por ejemplo, la lectura o publicación de una gacetilla, la difusión de un fragmento de un video o un breve comentario.

MENSAJE: en la jerga periodística, nota que emitió un periodista y que llega al público, a través la televisión, radios, diarios, revistas y páginas de Internet.

MIMEÓGRAFO: antiguo método de duplicación que consistía básicamente en un rodillo entintado, por sobre el que se colocaba un esténcil, engarzado en unas grampas donde se sujetaba un calado especial. Esténcil es un papel especial que, convenientemente tipeado en máquinas de escribir manuales o con dibujos, permite la reproducción de esos contenidos sobre papel.

MIX: en español, mezcla o combinación.

MONITOREO: en nuestro trabajo, seguimiento de una campaña de prensa exclusivamente a través de la televisión, radio y páginas de Internet.

MOVILERO: periodista que cubre una noticia para radio o televisión desde el lugar del hecho.

NAME TAG: en español, cartel para identificar a los oradores en una conferencia de prensa.

NEWSLETTER: en español, boletín de noticias transmitido vía e-mail.

PÁGINA DE INTERNET: lugar en la World Wide Web (www) donde empresas, individuos y organizaciones varias comunican información acerca de sus actividades o temáticas que manejan. Está disponible para toda persona conectada a la red, también llamado "usuario en línea". Además, se lo denomina página web, sitio web o web site.

PART-TIME: dedicación parcial al desarrollo de un trabajo. Su antónimo es full-time (tiempo completo).

PASANTE: estudiante de carreras afines a determinadas actividades, que realiza tareas (rentadas o no) dentro de empresas y organizaciones, para obtener experiencia laboral.

NICHO: segmento o sector del mercado.

NOTICIA: en la jerga periodística, hecho que por sus características se transforma en algo de interés público. Para que un hecho despierte la atención de los medios, éste debe ser interesante, novedoso, inédito y verdadero.

NOTICIOSO: algo que tiene calidad de noticia para los medios.

OFF THE RECORD: en español, algo dicho extraoficialmente y que sólo puede ser difundido en los medios sin citar a la fuente.

PACKAGING: en español, envase. Generalmente, también se denomina así a la forma en que es presentado visualmente un producto.

PATRÓN: en la jerga del marketing, conjunto de cosas que constituyen la Identidad de una marca o producto.

PERCEPCIÓN: proceso que permite captar diversos estímulos, utilizando el pensamiento y los cinco sentidos: vista, oído, gusto, olfato y tacto. Es también el proceso mediante el cual el consumidor organiza e interpreta la información que recibe, para crear su propia representación del mundo.

PERSONAJES: en nuestra actividad, famosos (o "celebrities").

POSICIONAMIENTO: en nuestra profesión, acción o efecto de posicionar un tema, producto, servicio o actividad, a través de una campaña de prensa.

PHOTO EDITOR: programa informático para editar fotografías. Permite cambiar colores, texturas, el peso y los formatos de esos archivos. Entre los formatos de imágenes más conocidos se encuentran los denominados jpg, tiff, gif, ai, etc.

PRENSABLE: algo que por sus atributos o diferenciales es factible de ser abordado a través de una campaña de prensa.

PRENSERO: sinónimo de agente de prensa.

PRESENTACIÓN: sinónimo de lanzamiento.

PRESS-KIT: en español, carpeta con información que se envía a los medios. Adema's de una gacetilla de prensa, suele incluir folletería, videos, fotos en papel, diskette o CD, invitaciones a un evento, muestras de un producto, etc.

PRESS-RELEASE: en español, gacetilla de prensa.

PRIMICIA: en la jerga periodística, noticia publicada por un medio antes que sus competidores.

REDACTOR: en la jerga de los medios, periodista dedicado a redactar notas.

REFERENCIA INDIRECTA: en nuestra actividad, mención de un producto, servicio o actividad inserto en una nota global, no exclusiva.

REFUERZO: en nuestra profesión, envío de una gacetilla de prensa sobre la fecha de un evento, que viene a reforzar a otro mensaje enviado anteriormente.

PRIVADA: en la jerga periodística, exhibición de una película destinada exclusivamente a críticos cinematográficos.

RELACIONISTA PÚBLICO: persona dedicada a las relaciones públicas, que cultiva el trato con las personas.

POWER POINT: Programa informático que permite realizar presentaciones incluyendo fotografías, gráficos, cuadros y textos, incluyendo movimientos (animaciones), sonidos, etc., entre muchas otras prestaciones.

PRODUCTOR: en la jerga de los medios, periodista que piensa y elabora notas que luego serán hechas por un redactor o un conductor de radio o televisión.

PROMOCIÓN: conjunto de herramientas de comunicación y marketing, destinado a alcanzar determinados objetivos, orientados a distintos públicos.

PUBLICIDAD: estrategia creativa para promocionar un tema, producto, servicio o actividad.

PUBLICITY: en varios países de habla hispana, denominación de la actividad inherente a los agentes de prensa y a todo proceso de relaciones públicas tendiente al relacionamiento entre empresas, personas y organizaciones con los medios periodísticos.

RELEVAMIENTO: en nuestro trabajo, acción y efecto de obtener información para armar una base de datos. También, buscar y reunir los resultados de una campaña de prensa.

REPORTE: en nuestra actividad, prueba que documenta parcial o totalmente los resultados de una campaña de prensa. Sinónimo de carpeta de prensa y clipping.

REPORTERO GRÁFICO: fotógrafo free-lance o en relación de dependencia, que trabaja para un diario, revista o agencia de noticias.

RUEDA DE NOTAS: sinónimo español de "junkets".

RUEDA DE PRENSA: variante de la conferencia de prensa que se diferencia de ella, por desarrollarse en un ámbito menos formal. Por ejemplo, la sala de un aeropuerto, antes o después del viaje de una persona famosa; en el hall de un cine o teatro, en el contexto de un estreno; en una concentración o vestuario deportivo, en la calle, etcétera.

RATING: medición estimativa de la proporción de radioyentes o televidentes que sintonizan una emisora o programa en un período determinado.

SECCIONES: en la jerga periodística, partes en que se divide un medio gráfico, una página de Internet y un programa de radio o televisión.

RECORTE: en nuestro trabajo, nota o mención aparecida en un medio gráfico o página de Internet que formará parte de una carpeta de prensa.

SEGMENTACIÓN: proceso por el cual se divide y/o reelabora la información a divulgar, para abarcar porciones menores del mercado global. Los criterios mas frecuentes para llevar a cabo una división de ese tipo son el género -femenino o masculino-, las edades y el nivel socioeconómico (NSE), elaborando distintos enfoques que contemplen los intereses de cada grupo. En nuestra profesión, se llama segmentación al proceso de adaptar un mismo contenido para distintas secciones de los medios (Actualidad, Información General, Infantiles, Mujer, Espectáculos, Deportes, Política, etc.).

SEGUIMIENTO: en nuestra profesión, acción y efecto de seguir una campaña de prensa a través de los medios.

SERVICIO: prestación destinada a satisfacer las necesidades del público o de alguna entidad.

SHOWBUSINESS: en español, negocio del entretenimiento. Denominación genérica para actividades artísticas y/o culturales, como el cine, el teatro, la televisión, la música, etc.

SLOGAN: en español, frase corta de alto impacto que sintetiza la representación de la imagen que se desea proyectar al consumidor respecto de un producto o servicio. En general, son elaborados por los creativos publicitarios.

TARGET: en español, grupo al que va dirigido una campaña publicitaria o de prensa. Se la determina mediante la combinación de variables como la edad, el sexo y el nivel socio económico; en un sentido más amplio, grupo de pertenencia, cultura, estudios, intereses personales, etc.

TEXTO PLANO: algo escrito directamente en un correo electrónico, que no va adjuntado.

TIPOGRAFÍA: sistema de impresión a través de formas que contienen los tipos y grabados en realce.

TÍTULO: en la jerga periodística, oración que encabeza una nota o una gacetilla de prensa. Es algo así como el cartel de venta que se coloca sobre un texto, por lo cual debe ser conceptualmente claro y, en lo posible, atractivo.

TRACKING: en español, seguimiento de una campaña de prensa.

TRAILER: en español, cola promocional de una película.

VALOR AGREGADO: cualidad distintiva o diferencial de un tema, producto, servicio o actividad.

SOCIO ESTRATÉGICO: en nuestro trabajo, persona o empresa que colabora con una campaña de prensa. Por ejemplo, las distribuidoras de correspondencia, agencias de recortes, servicios de monitoreo electrónico, etc.

SOPORTE: forma en la que se entrega una información. Otra de sus acepciones es la acción de brindar una ayuda específica a otras personas o empresas, ante una situación puntual.

SPAM: correo electrónico enviado a una gran cantidad de personas que no solicitó su envío.

SPEECH: en español, discurso.

STAFF: en español, equipo de trabajo.

TEMA: en nuestra actividad, asunto plausible de ser abordado a través de una campaña de prensa.

VHS: antiguo formato electrónico de registro de imágenes en video que se utiliza en forma casera, pero que además sirve para proporcionar material a las estaciones profesionales de televisión. También existió un formato similar, denominado Súper VHS.

VOLANTA: oración que va sobre el título de una nota periodística o una gacetilla de prensa y que agrega información o introduce al título.

Daniel Colombo es Master Coach experto en CEO, alta gerencia y profesionales; comunicador profesional; Mentor de ejecutivos y empresarios; Speaker internacional; y facilitador de procesos de cambio. Media-coach de políticos y ejecutivos; experto en Oratoria moderna.

Autor de 21 libros, entre ellos "Sea su propio jefe de prensa" "Historias que hacen bien", "Preparados, listos, out" (co-autor, sobre el Síndrome del Bournout); "Abrir caminos", y una colección de 6 libros y DVD, "Comunicación y Ventas" con Clarín de Argentina, y la colección "Coaching Vital" compuesta por tres títulos: "El mundo es su público", "Oratoria sin miedo" y "Quiero vender" (Hojas del Sur).

Se desempeña habitualmente en 18 países, habiendo brindado más de 600 conferencias, workshops, seminarios y experiencias vivenciales, llegando al millón de personas entrenadas. En todas sus redes sociales tiene un millón de seguidores.

Conduce y guía equipos de alto rendimiento en empresas nacionales y multinacionales dentro y fuera de su país. Ha asesorado y trabajado junto a más de 2500 empresas, y dirigido su compañía de relaciones públicas durante 20 años. Escribe regularmente en más de 20 medios de Argentina y diversos países.

Web: www.danielcolombo.com
https://www.linkedin.com/in/danielcolombo/
Twitter @danielcolombopr
www.Facebook.com/DanielColomboComunidad/
Instagram: Daniel.colombo
YouTube: www.youtube.com/DanielColomboComunidad

Libro editado por

Editorial Autores de Argentina